SITUAÇÃO JURÍDICA E DIREITOS FUNDAMENTAIS DO CONSUMIDOR IDOSO

GUSTAVO CHALFUN

SITUAÇÃO JURÍDICA E DIREITOS FUNDAMENTAIS DO CONSUMIDOR IDOSO

Del Rey
EDITORA

Belo Horizonte
2017

Impresso no Brasil | *Printed in Brazil*

EDITORA DEL REY LTDA.
www.livrariadelrey.com.br

Editor: Arnaldo Oliveira

Editor Adjunto: Ricardo A. Malheiros Fiuza

Editora Assistente: Waneska Diniz

Diagramação: Lucila Pangracio Azevedo

Revisão: RESPONSABILIDADE DO AUTOR

Capa: Alfstudio

Editora / MG
Rua dos Goitacases, 71- Lj. 20/24
CEP 30190-050 – Belo Horizonte – MG
Tel: (31) 3284-5845
editora@delreyonline.com.br

C436s Chalfun, Gustavo
Situação jurídica do consumidor idoso. / Gustavo Chalfun. Belo Horizonte: Del Rey, 2017.
128 p.
ISBN: 978-85-384-0485-9
1. Idoso consumidor. 2. Direito do consumidor. 3. Proteção e defesa do consumidor. I. Título.
CDU: 347.451.031

Ainda que correndo o risco da injustiça, ouso nominar algumas pessoas sem as quais este projeto que hoje se concretiza jamais poderia ter se realizado.

Inicialmente, agradeço a Deus, pela oportunidade única e inestimável da vida, e sem quem nenhum sonho poderia ser sonhado.

Meus sinceros agradecimentos a meus pais, Antônio Chalfun e Djanira Chalfun, pelos ensinamentos que me fizeram um homem que acredita na vida e na justiça e por essa batalha enquanto gozar de fôlego. Ensinaram-me ainda mais, que amor não se limita a palavras, mas a ações diárias, desde os mais simples gestos.

À minha esposa, Giza Pellozzo e minha filha, Isabelle Chalfun, que me honraram com paciência, carinho e compreensão nas ausências.

Não poderia deixar de dedicar à Alice Chalfun, uma princesinha, minha segunda filha, que todos aguardamos seu nascimento, já a amando, enquanto redijo a presente dedicatória.

Aos meus colegas do escritório Chalfun Advogados associados, na pessoa de minha sócia e amiga, Dra. Shirley Teodoro, responsável direta por essa conquista, mulher de fibra e competente profissional, a quem orgulho tê-la como sócia.

Aos meus alunos e alunas que no cotidiano acadêmico são verdadeiras luzes para o ensinamento, seres que propiciam ao docente, caminhar no estudo do direito com afinco e dedicação.

Aos profissionais do direito, destacando os advogados, que propagam a paz social na luta diária em defesa dos direitos dos consumidores, em especial os idosos, segmento da população brasileira, que carece de maior atenção e de melhores politicas publicas.

Dedico este trabalho aos meus alunos, em quem realizo meu propósito de construção de um ideal maior de justiça e igualdade.

“Mas, se a sociedade não pode igualar os que a natureza criou desiguais, cada um, nos limites da sua energia moral, pode reagir sobre as desigualdades nativas, pela educação, atividade e perseverança.”

Rui Barbosa

SUMÁRIO

APRESENTAÇÃO

Tenho a honrosa satisfação de apresentar esta importante obra "Situação jurídica e direitos fundamentais do consumidor idoso", de autoria do Dr. Gustavo Chalfun. O Dr. Gustavo Chalfun, expressiva liderança da Ordem dos Advogados do Brasil da secção de Minas Gerais, é desde cedo advogado aguerrido, acostumado às lides do foro, mas que não perdeu o rumo, igualmente, do estudo e aprofundamento acadêmico. Atualmente, é professor de processo civil na sua estimada cidade, Varginha, mas sua contribuição ultrapassa os limites do Divino Espírito Santo das Catanduvas – antigo nome da brava terra do café – para além das Minas Gerais firmar-se no plano nacional, uma vez que participa também da Comissão Nacional de Defesa do Consumidor do Conselho Federal da OAB, sendo, inclusive, seu secretário.

Na sua atividade acadêmica, Mestre em Direito que é, pela Faculdade de Direito do Sul de Minas, com a aprovação de dissertação que ora se transforma em livro, Chalfun demonstra genuíno interesse pela efetividade dos direitos e a proteção dos vulneráveis. Trata da situação jurídica e direitos fundamentais do consumidor idoso. Vale dizer, deste sujeito duplamente vulnerável, seja porque sua situação pessoal, em face do inexorável da vida – o envelhecimento – acresce à condição de consumidor naquilo que já tive a oportunidade de identificar como sendo uma vulnerabilidade agravada, ou como também refere a melhor doutrina, a hipervulnerabilidade.

Os idosos são sujeitos com proteção constitucional. Se lhe assegura a a assistência do Estado quando lhe faltarem meios próprios à sobrevivência (art. 203, V, da Constituição). Há dever da família, da sociedade e do Estado em ampará-lo (art. 230 da Constituição). Como consumidor, somam-se o dever do Estado de promover sua defesa na forma da lei (art. 5º, XXXII da Constituição), o que se fará, em acordo com os demais preceitos informadores da ordem econômica (art. 170 da Constituição), conforme um Código que defina seus respectivos direitos (art. 48 do Ato das Disposições Constitucionais Transitórias).

No plano legal, o Código de Defesa do Consumidor (Lei 8.078/90) e depois o Estatuto do Idoso (Lei 10.741/2003) definiram rol de direitos assegurados, de modo a mitigar a vulnerabilidade do idoso no mercado de consumo. Porém, mais do que a definição de direitos subjetivos em espécie, o reconhecimento da situação jurídica do consumidor idoso deve orientar a própria interpretação das normas em geral – não apenas daquelas assecuratórias de direitos – considerando a determinação mais elevada, de matriz constitucional, que reconhece sua vulnerabilidade e determina sua equalização jurídica.

Gustavo Chalfun, com sua inteligência prática e sensibilidade percebe na "tirania da velhice" a que se referia La Rochefoucauld, não as "rugas da alma" de Montaigne, mas a capacidade de assegurar-se o pleno desenvolvimento da vida em seu seu estágio definitivo, missão a qual deve orientar-se o Direito.

Que seus leitores retirem da obra todo o proveito que dela se há de ter.

Porto Alegre, fevereiro de 2017.

Bruno Miragem

Professor da Universidade Federal
do Rio Grande do Sul (UFRGS).

INTRODUÇÃO

O estudo proposto em sede de dissertação, cujo tema consiste em *Situação Jurídica e direitos fundamentais do consumidor idoso,* tem relevância, em primeira análise, pela atual discussão acerca dos direitos do idoso, num cenário mundial em que esta população apresenta acentuado crescimento.

No plano nacional, destaca-se que o Instituto Brasileiro de Geografia Estatística aponta uma população idosa nacional no importe de 7,4% (sete vírgula quatro por cento) da população total no senso de 2010. Dados do IBGE, extraídos de igual fonte, informam que o Brasil conta com um número de idosos que já representa 8% (oito por cento) da população, sendo que até o ano 2.025 o Brasil será o sexto país no mundo no ranking de população com maior número de idosos.

Frise-se, o Brasil, onde a juventude é um valor apreciado, atualmente é um país de jovens; no entanto, passará por uma mudança drástica nas próximas décadas. A população brasileira, com idade igual ou superior a 60 (sessenta) anos, já se aproximava de 20.000.000 (vinte milhões) de pessoas em 2010, segundo dados do Instituto Brasileiro de Geografia e Estatística (IBGE).

É importante ressaltar que a população idosa brasileira com mais de 80 (oitenta) anos aumentou de 166.000 (cento e sessenta e seis mil) pessoas em 1940, para 1.900.000 (um milhão e novecentas mil) em 2000 e aproximadamente 2.400.000 (dois milhões e quatrocentos mil) atualmente. Sendo 12% (doze por cento) do total de idosos existente no país, a população com mais de 80 (oitenta) anos, proporcionalmente, é a parcela que mais cresce no momento.

Através de breve digressão histórica, fará evidenciar-se que o Estado evolui do modelo liberal para o socialista em meio a manifestações coletivas em oposição aos moldes com que se portava o detentor do poder de gerência social. O modelo liberal, característico pela limitação do poder tem fortes vínculos, teve origem, na Revolução Francesa, deflagrada em 1789.

A partir do desenvolvimento do Estado Liberal, expandiu-se o capitalismo, impondo submissão de classes, conforme se disporá no primeiro capítulo deste estudo, em razão de que o Estado Mínimo perde prestígio, dada a necessidade de que se promovesse uma atuação positiva por parte do detentor do poder, para que se concebessem políticas públicas em prol dos menos favorecidos. Por essa razão, caracteriza-se o Estado Social pela limitação do poder estatal somado ao dever de prestação positiva em favor da sociedade.

O Direito do consumidor passa a constituir temática relevante a partir do momento em que as relações sociais se tornam mais complexas e ao mesmo tempo dinâmicas, sob o aspecto de sua expansão e isso ocorre em momento posterior à Revolução Industrial com a produção se operando em larga escala.

Aos Estados Unidos da América se atribuem as iniciais manifestações mais expressivas acerca da matéria, tendo em conta, principalmente, o discurso do presidente John Kennedy, no ano de 1962, ocasião em que passa a enumerar alguns direitos que reputa inarredáveis do indivíduo que se ativa na aquisição de produtos e serviços.

No Brasil, após contemplação no Ato das Disposições constitucionais transitórias e atuações administrativas esparsas pelo País, no ano de 1990 é promulgado o Código de Defesa do Consumidor, pela Lei 8.078/1.990, cuidando o presente estudo de tecer breves considerações em torno do processo de sua elaboração.

Paralelamente ao envelhecimento da população, ressaltam questões sociais que demandam ingerência estatal, como mecanismos de assegurar o desenvolvimento pacífico de tal estatística. Fato é que o idoso da atualidade, ainda não resulta do jovem que teve livre acesso à formação básica e profissional, com franco contato com mídias variadas que lhe conferissem maior parcela de informações globais. Há uma expressiva maioria que não conta sequer com alfabetização básica, o que reforça o clamor pela atuação estatal em prol da efetivação dos direitos básicos, já contemplados pelo legislador originário.

Esta informação representa um alarde ao País, a fim de que adote medidas em prol da solução de problemas que envolvam a velhice, de forma que estes não majorem na mesma proporção do crescimento desta população.

A Constituição Federal foi promulgada vinte e seis anos após o Discurso proferido por John Kennedy, no Congresso americano, e dois dispositivos cuidam de destacar a questão do consumidor, ao elencar os Princípios fundamentais e a tratar dos Princípios da ordem econômica.

Conforme se exporá no Capítulo II, a abordagem constitucional da questão do consumo não se limitou ao texto constitucional, mas se operou pelo fenômeno da constitucionalização do direito civil, promovendo-se a proteção do consumidor como direito fundamental.

O idoso, tal como outras classes de indivíduos, são situados na sociedade em condição de discriminação ou desvantagem com relação aos demais. Tal desprestígio na esfera do consumo, contudo, revela-se mais acentuada, com relação a distintos aspectos, no que lhe diz respeito, pois é indivíduo que, embora seja destinatário de um diploma legal específico, revela-se desamparado quanto ao gozo de seus direitos consumeristas livre de abusos e assédios.

A distinção de categorias de indivíduos, com peculiaridades que invoquem especial atenção do Estado inspirou a formação de microssistemas normativos, os quais têm o condão de tratar com especialidade o que a norma mais abrangente não foi capaz de fazer. É o que se evidencia, por exemplo, pelo Estatuto da Criança e do Adolescente, Estatuto do Idoso e o Código de Defesa do Consumidor.

A isonomia constitucional sugere a não exclusão de classes, exigindo o tratamento especial de determinadas categorias de indivíduos, em razão da identidade de atributos que justifiquem a aglomeração, para que se promova uma tutela adequada de seus interesses. Assim se vislumbra com relação à criança e adolescente, que encontram proteção específica na Lei 8.069/1990 (Estatuto da Criança e do Adolescente), e também com o idoso, alcançado pela Lei 10.741/2003 (Estatuto do Idoso), a quem se atenta de forma especial nas presentes laudas.

Na mesma esteira do que se assevera acima, o ordenamento jurídico demonstra a busca por conferir proteção aos indivíduos quando se encontrem inseridos em determinadas condições específicas, como ocorre com o consumidor, tutelado pela Lei 8.078/1.990, o Código de Defesa do Consumidor.

Muito embora tais disposições pareçam ser hábeis a promover, separadamente, a defesa dos interesses e direitos específicos do idoso e do consumidor, tem-se que o primeiro, na condição de consumidor, assume uma posição em que sua vulnerabilidade é acentuada pelo peculiar estágio da vida, em que determinados déficits biológicos são constatados.

Está-se a falar, portanto, da hipervulnerabilidade do referido consumidor, cujo reconhecimento se discute nas seguintes laudas. Neste quadro, pretende-se investigar a hipótese de ausência de uma interface entre o Código de Defesa do Consumidor e o Estatuto do Idoso de forma a amparar este consumidor.

Importa salientar que essa discussão atinente à suficiência ou não de elementos no ordenamento jurídico que possam conferir proteção adequada e eficaz ao consumidor idoso será considerada também em sede jurisprudencial, na qual se externam divergências de entendimento quanto à extensão das prerrogativas conferidas a tais indivíduos.

Assim, por meio do presente estudo, intenta-se contribuir para o Direito pátrio, já que ascendendo a população idosa, com uma expectativa de vida cada vez mais expressiva, irrefragável que os conflitos de natureza consumerista, que envolvam tal público, também serão majorados e reclamarão por um instrumento de pacificação.

Fazendo-se evidente a necessária categorização do idoso no rol de consumidores, como indivíduos que requerem tratamento diferenciado, tem-se a expectativa de redução de conflitos, e, num primeiro plano e mais relevante, de minimização de lesões com que são estigmatizados na condição de consumidor.

Estudos iniciais sugerem que a jurisprudência dos tribunais acabe por revelar a constante atividade interpretativa, ora em rumos de interpretação restritiva, ora expansionista, no que tange aos direitos assegurados ao idoso, em razão de prévias disposições constitucionais. É o que ocorre, por exemplo, com relação à assistência aos desamparados, na qual onde se faz incluir grande número de pessoas acima de sessenta anos, caso em que a lei de assistência social (Lei 8.742/1993) cuida de estabelecer critérios para fins de concessão do benefício, ratificado pela Lei 10.741/2003.

A atuação jurisdicional importa na formação de jurisprudências que, por vezes, ditam a adoção de determinadas providências por entes da administração pública ou até mesmo na atividade legislativa. A exemplo, tem-se o Direito do Consumidor, em cujo âmbito a vulnerabilidade do idoso ressalta quando do exame do desequilíbrio das relações, em situações variadas que conduziriam a atenção às deficiências prestacionais.

José Afonso da Silva compreende a necessária inserção dos idosos como os mais fiéis destinatários dos direitos sociais previstos no artigo 6º do Código de Defesa do Consumidor, refletindo que o amparo à velhice caminha ainda mais à frente da proteção conferida pelo dispositivo acima referido, razão da norma prevista no artigo 230 da Constituição Federal de 1988, segundo o qual

> a família, a sociedade e o Estado têm o dever de amparar as pessoas idosas, assegurando sua participação na comunidade, defendendo sua dignidade e bem estar e garantindo-lhes o direito à vida, bem como a gratuidade dos transportes coletivos urbanos e, tanto quanto possível a convivência em seu lar.

A preocupação acima traduzida revela-se coerente com a atenção conferida pela Carta Constitucional à família, cujos integrantes se ativam no meio social, fazendo integrar outras relações que podem ensejar cuidados outros não restritos ao ambiente familiar.

Por tais fundamentos, revela-se necessário o estudo aprofundado acerca dos resultados e impactos sociais das previsões legais paralelamente à efetiva atuação do Judiciário, com vistas à concretização dos direitos fundamentais sociais em prol do idoso. Intenta-se, portanto, vislumbrar a importância das considerações sobre a atividade não contida do Judiciário, no dizer, interpretar e/ou ditar a norma na tentativa de lhe fornecer maior alcance ou menor limitação em prol do efetivo atendimento ao seu intento.

Observa-se, a partir do confronto entre a teoria doutrinária e a prática jurisprudencial, que toda a concretização dos direitos em comento restaria delegada a setores da sociedade e Estado, dada a impossibilidade, por vezes, da imediata realização dos dizeres constitucionais, o que remete à discussão doutrinária pertinente ao caráter prestacional de tais direitos, bem como à aplicabilidade imediata ou não destas normas.

Frise-se que não há lugar para dissensões com relação à eventual relação entre idosos, pois esta não teria o cunho de consumerista, já que não poderia ocupar o mesmo polo da transação. E, ainda que fosse esse o caso, aquele caracterizado pela vulnerabilidade é que se faz merecedor do tratamento especial, pois ao outro já se confere a superioridade econômica que se contrapõe à superioridade jurídica do consumidor.

Assim sendo, cuida a legislação ordinária de assegurar os direitos contemplados na esfera constitucional, e o que o faz, com relação ao idoso, por meio da Lei 10.741/2003, que institui o Estatuto do Idoso, o qual contempla mecanismos de concretização dos direitos fundamentais sociais destes indivíduos.

Constitui parte do referido mecanismo legal a previsão de instrumentos que assegurem o eficaz acesso das pessoas idosas ao Judiciário, conforme prescrito em seu artigo 69 e seguintes, bem como a intervenção do Ministério Público para tais fins. Contudo, se confrontado com a legislação consumerista, denota-se a carência de proteção a elas.

O reconhecimento da legitimidade na atividade jurisdicional ao atuar em defesa de classes minoritárias, sem que isso implique deturpação ou violação à tripartição, reside na possibilidade de que se contemple a efetiva proteção que a lei, por si só, possa não ter sido eficaz em promover.

Objetiva-se, portanto, pelo presente estudo, investigar e discutir a categoria jurídica do consumidor idoso, por meio da verificação quanto à existência de elementos que confiram uma efetiva proteção de seus interesses diante das diferenças, inclusive, sensoriais, que se impõem ao indivíduo.

A partir de tal investigação, almeja-se alcançar uma conclusão concernente à suficiência ou não de subsídios no ordenamento pátrio que possam conferir ao consumidor idoso a necessária proteção de seus interesses, tendo em vista suas condições específicas de ordem natural e social.

Estando os direitos fundamentais sociais dotados de força cogente, não deixou a temática acerca de sua efetividade de constituir objeto de discussão de constitucionalistas, de igual forma em relação à comunidade acadêmica e à própria sociedade.

Não se trata de situação peculiar aos direitos fundamentais sociais, eis que, não raras vezes, a autoaplicabilidade de uma norma resta maculada pela impossibilidade de concretização no plano fático. Os entraves, por vezes, encontram-se no próprio texto legal, nos gestores do Estado, jamais na compreensão do destinatário da essencialidade de tal prestação, pois do contrário, olvidar-se-ia de tal atributo.

Cediço que a destinação coletiva dos direitos fundamentais sociais não requer a delimitação de grupos para sua consecução, tais secções operam-se de forma natural, à medida que afloram as necessidades e se pleiteia perante o Estado a atividade positiva que lhe foi assegurada pela Constituição.

Nesta esteira, compreende-se plausível a dedicação ao estudo dos interesses do idoso com relação à concretização de direitos previstos na norma constitucional e ordinária, de forma que constitui ainda objetivo específico do estudo a verificação da possível reinterpretação do seu direito do consumidor, de forma a traçar um panorama, com intento investigativo, da visão do aplicador do direito quanto a esta categoria diferenciada.

Conjectura-se determinado desacerto nas concepções evolutivas do Estado Liberal para o Social na compreensão prática da relevância da superação do exclusivo aparato aos direitos individuais para os coletivos e, a partir daí, nova atividade de centralização para tratativas específicas que se revelem necessárias. Tal proposição se alcança por meio das pesquisas jurisprudenciais, sob a jurisdição dos Tribunais do Estado e Tribunais Regionais Federais.

Suspeita-se não da ineficiência do Legislativo quanto à previsão material em prol dos direitos do idoso, mas de determinada incongruência e deficiência na elaboração de elementos coercitivos, antes viabilizadores, de tal proteção. Daí, discute-se acerca de providências que possam amparar os demais setores da sociedade que não se revelaram capazes de alcançar a efetividade dos direitos assegurados pela Constituição Federal de 1988.

Desta feita, tem-se por intento promover a discussão sobre uma nova interpretação do direito do consumidor com relação aos idosos e, a partir daí, traçar uma justificativa dela como direito fundamental social, à independência, portanto, de uma dicção legal de tal condição. Para tanto, impõe-se a indagação atinente à existência da adequada interface entre os instrumentos jurídicos voltados à proteção do idoso e do consumidor, e a conjectura da necessidade de se adotar novas medidas que lhe assegurem essa assistência.

A pesquisa se dará pelo método analítico com estudo de legislação, doutrina e jurisprudência, observada a bibliografia pertinente aos direitos fundamentais sociais, em primeiro plano. Ato contínuo e, paralelamente, cuida-se de abarcar as obras que toquem ao estudo dos direitos da pessoa idosa, em especial, sob o tratamento conferido pelo estatuto pertinente.

Assim, os primeiros passos serão norteados por catalogações, fichamentos e resenhas, a fim de que os traços do universo a ser perquirido sejam delimitados com maior precisão.

Diante da necessidade de aprofundado debate da questão, socorre-se, além de livros, a artigos científicos, a documentos produzidos a partir de eventos como conferências pertinentes à matéria.

Para atendimento à presente proposta, de suma importância se revelará também a pesquisa na jurisprudência pátria, caso haja ligação ao tema proposto até a conclusão do estudo, em consonância com a evolução legal, antes mesmo da promulgação do texto constitucional, com ênfase a partir da vigência do Código de Defesa do Consumidor e Estatuto do Idoso.

1

DO ESTADO LIBERAL PARA O ESTADO SOCIAL: SURGIMENTO DO DIREITO DO CONSUMIDOR

A compreensão do alcance de direitos clamados e voltados para a sociedade revela-se necessária a partir da constatação de que as normas, positivadas ou não, refletem um aspecto do momento vivenciado pelos indivíduos de determinado grupo.

A fim de que não se promova uma exposição exclusivamente de resultados sociais pós-revolucionários, cuidam as presentes laudas de delinear o histórico em que surgiram e se desenvolveram as tratativas pertinentes a tais prerrogativas.

Nota-se que a necessidade de concentração do Poder Executivo em um ente acompanha a história da evolução social do homem, de forma que os Estados se organizam, validam sua gerência maior, nos moldes de normas por eles mesmos ratificadas, sendo que o Estado de Direito tem como traço característico a regulação por meio de leis, normas que ditam a legitimidade de sua atuação.

No Estado Monarquista, o rei revelava a personificação do poder, de forma que nele se concentravam a vontade e a realização dessa virtude, primando, à época, pela defesa dos interesses da nobreza e clero, estamentos reconhecidos pelo governante.

No cenário em questão, o Terceiro Estado, formado pelo povo e burguesia, via-se desprotegido, desamparado, já que o monarca a ele não se atentava. Por essa razão, eclodiu, no Terceiro Estado, o anseio revolucionário, notadamente frisado no ano de 1789, na Revolução Francesa[1].

A Revolução traz como marco o pensamento Liberal, o qual se alicerça não somente em um aspecto político, mas também filosófico, já que intenta

---

1 SARAIVA, Paulo Lopo. Do estado liberal ao estado social. In: MOREIRA DE MOURA, Lenice S. (Org). O novo constitucionalismo na era pós positivista: uma homenagem a Paulo Bonavides. São Paulo: Saraiva, 2009. p. 35.

também, a compreensão do homem, e o reconhece como ser fundamentalmente livre.

O Liberalismo, contudo, bem compreendeu que a Liberdade, sendo direito inegável, poderia transmudar-se em anarquia, acaso não fosse objeto de uma limitação reconhecida. Assim é que se consagra a lei como pilar do Liberalismo, amparando a Liberdade do indivíduo[2].

O Estado Liberal tem, portanto, como traço característico a atuação limitada do poder, e este, concentrado no próprio povo, no sentido de ser por ele legitimado, eis que por meio de representantes, decorrendo, num plano global, da Revolução Francesa.

Cediço que a Revolução teve como vanguardista a burguesia em desenvolvimento, a qual visava a maior liberdade no plano econômico, encontrando na Constituição uma limitação à atuação estatal, de forma que se denota a preponderante atividade negativa do Estado, evidenciando-se, por isso, a clara distinção deste modelo estatal do poder absolutista até então francamente praticado.

O pensamento que embasa o Liberalismo tem como precursor John Locke (1632/1704)[3], o filósofo ressalta que a liberdade e igualdade fazem parte da natureza humana; assim, o Liberalismo não contempla uma participação ativa de todos os indivíduos que integram uma sociedade; lado outro, admite a participação limitada de determinada esfera, como ocorria com os burgueses à época da Revolução Francesa.

Na seara liberal, tem-se o denominado Estado Mínimo[4], caracterizado pela intervenção estatal limitada a assegurar a liberdade e igualdade dos indivíduos que compõem o grupo social. Os demais temas, especialmente a economia, permanecem às raias dos que desenvolvem as atividades pertinentes, sem se submeter ao senhorio impositivo do Estado, o qual faz representar a vontade pública por meio de representantes constituídos de acordo com regramento legitimado. Está-se a falar, portanto, da igualdade formal.

2 SARAIVA, Paulo Lopo. Do estado liberal ao estado social. In: MOREIRA DE MOURA, Lenice S. (Org). O novo constitucionalismo na era pós positivista: uma homenagem a Paulo Bonavides. São Paulo: Saraiva, 2009. p. 35.

3 CINTRA, Rodrigo Suzuki. Locke e o direito de resistência. Universidade Presbiteriana Mackenzie, São Paulo. Disponível em: http://www.mackenzie.br/fileadmin/Graduacao/FDir/Artigos/artigos_2009/Rodrigo_Suzuki2.pdf.> Acesso em: 07 fev. 13.

4 CINTRA, Rodrigo Suzuki. Locke e o direito de resistência. Universidade Presbiteriana Mackenzie, São Paulo. Disponível em: http://www.mackenzie.br/fileadmin/Graduacao/FDir/Artigos/artigos_2009/Rodrigo_Suzuki2.pdf.> Acesso em: 07 fev. 13.

A assertiva anterior traduz-se pela aceitação da ideia de que, sendo o homem dotado de direitos inerentes à sua natureza, não estaria isento de dissensões, de forma que um indivíduo poderia violar o espaço de outro.

Diante dessa constatação, Locke[5] expõe o entendimento pela necessária celebração de um contrato social, o qual estabeleceria limites a serem observados, inclusive, pelo gestor do poder, o Estado; era a transição para um estado de sociedade civil.

Com o desenvolvimento do Estado Liberal, o capitalismo expandiu-se, de forma que também ascendeu o número de indivíduos submissos, sob a exploração de sua força física, assim como a violação e consequente reclamação de seus direitos, dada a miserabilidade a que se sujeitavam.

Até então, no Estado Liberal, contava-se com uma igualdade formal, em que importava também o absenteísmo estatal, como meio de atuação franca dos indivíduos no exercício de seus direitos naturais, como a liberdade e propriedade.

Justamente no ano de 1917, em que se deflagra ampla manifestação de trabalhadores russos, tem-se a promulgação da Constituição Mexicana, a qual contempla direitos de tal ordem, de cunho social, a que se sucede a Constituição Alemã, de Weimar, em 1919. Tais movimentos decorrem do reconhecimento da necessidade de se proteger o homem das investidas vorazes do governante. [6]

O Estado Liberal decorre de uma resistência ao Antigo Regime em que o poder decorria de regras próprias criadas pelo próprio rei que as executava. Neste cenário, importava o atendimento às determinações do soberano, que detinha total ingerência sobre os direitos mais basilares de seus súditos, inclusive, no plano econômico.

O Liberalismo inspira a concepção de um Estado de Direito em que haja a garantia de direitos essenciais do cidadão, que não se limitem à mera existência de um texto legal, mas em que exista o compromisso com a sua concretização.

De acordo com as manifestações do Liberalismo, extraem-se que algumas de suas principais características, nas palavras de Lenio Luiz Streck e José Luiz Bolzan de Morais, quais sejam:

> [...] separação entre Estado e Sociedade Civil mediada pelo Direito, este visto como ideal de justiça, a garantia das liberdades individuais;

[5] Ibid.

[6] MUJALLI, Walter Brasil. Direito constitucional e a constituição federal. Vol. II. São Paulo: Ag à Juris, 1999. p. 51.

> os direitos do homem aparecendo como mediadores das relações entre os indivíduos e o Estado, a democracia surge vinculada ao ideário da soberania da nação produzido pela Revolução Francesa, implicando a aceitação da origem consensual do Estado, o que aponta para a ideia de representação, posteriormente matizada por mecanismos de democracia semidireta – referendum e plebiscito – bem como, pela imposição de um controle de constitucionalidade e, por fim, o Estado tem um papel reduzido, apresentando-se como Estado Mínimo, assegurando assim, a liberdade de atuação dos indivíduos. Este entendimento é lançado por Lênio Luiz Streck[7].

Ainda no século XIX, na proximidade de sua segunda metade, o Estado Liberal passa a adotar condutas positivas, inclusive de prestações públicas, de maneira que o Estado Mínimo começa a dissipar-se, com a crescente participação estatal na vida social em esferas a que antes não interferia[8].

Mudando de quadro, dadas as alterações sociais expressivas pelas manifestações dos trabalhadores, iniciou-se o traço de um panorama diferenciado em que se impunha ao Estado voltar-se à realidade fática, em prol da igualdade material.

O Estado Social, sob a visão de Paulo Lopo Saraiva,[9] perpassa, necessariamente, pelas contribuições ideológicas de Rousseau e Marx. O primeiro destaca-se pela franca contribuição com o desenvolvimento do conceito de democracia, enquanto o segundo hostiliza de modo veemente o capitalismo. Em suma, por vias distintas, ambos labutam pela igualdade humana, de forma que muito lhes deve ser creditado quanto à teorização do Estado Social. E essa construção emana da busca de Rousseau pela participação popular de forma a legitimar o exercício do poder e, no mesmo tom, do apontamento veemente de Marx ao apontar os erros capitalistas, criando o anseio pela reforma social.

O surgimento do Estado Social decorre de alguns fatores marcantes, dentre os quais se destacam a atuação do proletariado, em busca de direitos que por muito tempo foram suprimidos, a necessária atuação estatal na economia para provimento de recursos para as guerras mundiais, a Revolução Mexicana, a Constituição de Weimar e as acentuadas crises econômicas, como a de 1929.

---

7 Ciência política e teoria geral do Estado. 3. ed. Porto Alegre: Livraria do Advogado, 2003. p. 90.

8 MUJALLI, Walter Brasil. Direito constitucional e a constituição federal. Vol. II. São Paulo: Ag à Juris, 1999. p. 51

9 SARAIVA, Paulo Lopo. Do estado liberal ao estado social. In: MOREIRA DE MOURA, Lenice S. (Org). O novo constitucionalismo na era pós positivista: uma homenagem a Paulo Bonavides. São Paulo: Saraiva, 2009, p.38.

O Estado Social é caracterizado por limitações à atuação do Estado, bem como imposição a este de determinadas prestações em favor dos indivíduos, de forma que se viabiliza a providência ativa do Estado, contemplando aos seus membros saúde, assistência social, educação, dentre outros. Contrariamente ao enunciado no Estado Liberal, no plano social, o Estado age, ativa e constantemente, intervindo em esferas anteriormente restritas ao indivíduo, a fim de que a este mesmo sejam assegurados direitos validados pela sociedade, geralmente, por meio de Constituições.

Neste aspecto, o Estado assume um papel de regular a atuação econômica dos indivíduos entre si, bem como em relação aos exploradores da atividade econômica, com vistas a coibir abusos e proteger aqueles que não se portem nas relações, em igualdade de condições, inclusive no que tange à compreensão de termos de contratação.

É ainda em razão das novas especificações de atuação estatais que se promove a evocação de determinadas matérias para tratativa e abordagem pelo Estado, a exemplo de exploração de determinadas riquezas, sem que se restrinja a participação de todos, mas sim o domínio sobre tais setores.

Nota-se, no quadro que se traça, uma evidente aclamação e promoção de direitos sociais, que não se enfoca tão veementemente nos direitos individuais, ao mesmo tempo em que se acentua a importância da atuação do Executivo em prol da efetivação desses direitos.

A exposição tecida nos parágrafos anteriores conduz à conclusão ainda de que a concretização de um modelo social é variável de acordo com o país, eis que as necessidades, interesses, carências, são flexíveis, determinando, dessa forma, o grau de exigência, conclamação de providências executivas.

A evolução do tratamento da questão do consumo, embora reconhecida como tal no século passado, remonta a um pretérito considerável, a exemplo das abordagens do Código de Hamurabi (século XVIII a.C.). Em sua lei 235, que impõe responsabilidade ao construtor de embarcação em refazê-la, às suas próprias expensas, caso apresente vício[10], vislumbra-se que, há muito, o consumidor, ainda que não fosse nomeado com tal nomenclatura, era alvo de preocupação jurídica.

Ainda nesse contexto remoto, o Código de Manu, na Índia, nos idos do século VIII a. C., contemplava a aplicação de punição corporal, além de multa e ressarcimento material em caso de adulteração de gêneros alimentícios, entrega de coisa de espécie diferente ou de qualidade inferior

[10] FILOMENO, José Geraldo Brito. Curso fundamental de direito do consumidor. São Paulo: Atlas, 2007. p. 4.

bem como a venda de bens de natureza similar a preços distintos, conforme prescrição da Lei nº. 697[11].

O Direito do Consumidor tem suas origens coincidentes com o desenvolvimento das relações econômicas, marcado pela Revolução Industrial, traçada no fim do século XVIII e início do século XIX, traduzindo marcantes reformas de cunho tecnológico, as quais afastaram a dominância artesanal e restrita a pequenos núcleos, quase sempre familiares.

Estando a produção industrial sujeita à secção de produtos e na própria fabricação, dada a necessária aquisição de insumos, não mais se contemplava o domínio de toda a cadeia por parte do administrador. Com isto, já era possível entrever as mudanças a serem experimentadas pela sociedade, já que esses avanços legitimavam seletividade entre os fabricantes que mais tarde alcançaria, com maior ênfase, o indivíduo que viria a adquirir o resultado da produção.

Tal avanço tecnológico não se traduziu em imediatos benefícios, pelo contrário, tornaram-se repetitivos defeitos nos produtos que então vinham embalados, de forma que as imperfeições eram detectadas após a sua aquisição. Ademais, na ocasião de erro de produção, uma maior quantidade de itens defeituosos seria disponibilizada, dada a implantação da produção em série[12].

À época da Revolução Industrial, o Liberalismo ainda era contemplado; contudo, a proclamada igualdade não era observada, uma vez que o capitalismo que se acentuava e oprimia determinados grupos, o que deu origem a um clamor por efetividade à igualdade prenunciada, a já mencionada igualdade substancial.

Diante do aumento populacional das metrópoles, a demanda também foi alcançada pelo crescimento, o que inflou a possibilidade de oferta, a partir do que a indústria passou a produzir mais para atender mais e, consequentemente, obter maiores lucros. Para tanto, fez-se necessária a adoção de um procedimento capaz de atender a tal demanda, o que se concretizou pela produção em série, acima mencionada, também nominada standartização da produção, que se traduz em homogeneização.[13]

É, portanto, neste tempo, que surge a produção em massa, de onde decorre também o contrato de adesão que veio a ser tratado pela legislação pátria somente em 1990, pelo Código de Defesa do Consumidor.

---

11 FILOMENO, José Geraldo Brito. Ibid, p. 5.

12 FILOMENO, José Geraldo Brito.Ibid. p. 5

13 NUNES, Luiz Antônio Rizzardo. Curso de direito do consumidor. 2.ed.rev.mod. e atual. São Paulo: Saraiva, 2005. p. 3.

A partir de então, observa-se a recorrente prática despreocupada de fornecedores que não se viam adstritos a algum ordenamento que lhes impusesse limites no tocante aos prejuízos que vinham sendo experimentados pelos indivíduos que, comumente, adquiriam produtos defeituosos.

Por essa razão, no século XX, o Estado Social de Direito caminha no intento de conferir uma igualdade substancial, capaz de corrigir as desigualdades do Liberalismo. Assim é que de simples garantidor, o Estado passa a intervir na Economia[14].

O Estado Social, notadamente, é caracterizado pela proteção aos direitos individuais, além dos direitos coletivos, acrescendo um aspecto de proteção sócio econômico, conforme leciona Paulo Lobo Saraiva[15].

Fernando Costa Azevedo[16] aduz que o Direito do Consumidor teria surgido na segunda metade do século XX, em decorrência das alterações nos moldes capitalistas no que toca à produção de bens e serviços.

Os Estados Unidos da América são o país a que se atribuem as primeiras manifestações consumeristas, justamente, por haverem liderado o domínio capitalista, de forma a exercer um mercado de forte marketing e consumo massivo de seus produtos.

A trajetória histórica mundial revela alguns episódios que em especial denotam o despontar da proteção à figura do consumidor, conforme se verá nas seguintes laudas.

1.1 MARCO HISTÓRICO: O DISCURSO DO PRESIDENTE JOHN KENNEDY NO CONGRESSO AMERICANO

O conhecimento da história do Direito do Consumidor no mundo traduz-se em uma tarefa árdua, quando se observa que a defesa de direitos é precedida de grandes batalhas em prol desses interesses. Assim, tem-se que, há muitos séculos, objetiva-se tutelar relações, de acordo com os exemplos extraídos do Código de Hamurabi; contudo, a concepção de uma necessária destinação de proteção específica é recente e remete a um exame mais acurado da questão, conforme se expõe, sucintamente, a seguir.

---

14 PINHEIRO, Rosalice Fidalgo; DETROZ, Derlayne. A hipervulnerabilidade e os direitos fundamentais do consumidor idoso no direito brasileiro. Revista Luso-Brasileira de Direito do Consumo. Curitiba, v. II, n. 4, p.130-164, 2012. p. 132.

15 PINHEIRO, Rosalice Fidalgo; DETROZ, Derlayne. Op. cit., p. 39.

16 Uma introdução ao direito brasileiro do consumidor. Revista de Direito do Consumidor, São Paulo, n. 69, p. 34, 2009.

Dessa forma, parafraseando Newton de Lucca[17], tem-se a adoção de três fases da evolução da proteção do Direito do Consumidor na esfera mundial, sendo que a primeira é marcada pela preocupação com preço, informação e rotulação correta do produto, mesmo que na ocasião ainda não se pudesse distinguir, claramente, as figuras de consumidor e fornecedor.

A segunda traduz os abusos praticados pelas grandes empresas, especialmente as multinacionais. É nesse período que se destaca a figura do advogado Ralph Nader (1934), na segunda metade do século XX, quando, nos Estados Unidos, o advogado em comento acentua sua posição em defesa do consumidor a partir da publicação de um livro[18] pelo qual questionava a atuação da indústria automobilística que não demonstrava zelo pela segurança de seus consumidores, vitimados em uma série de acidentes (Unsafe at any speed)[19].

> Por fim, a terceira e última fase diz respeito à atualidade, na qual se questionam os rumos da humanidade em contraposição ao consumismo exagerado.

Tem-se, contudo, como referencial ao reconhecimento da proteção do Direito do Consumidor, o Pronunciamento do Presidente John Fitzgerald Kennedy em 15/03/1962[20]. A data, que hoje é intitulada como Dia Mundial dos Direitos do Consumidor, é marcada pelo pronunciamento do então presidente estadunidense, pelo qual proclamou ao Congresso a proteção aos direitos do consumidor, sendo então adotada a conceituação de direito do consumidor.

Tal mensagem, de grande repercussão mundial, conclamou como basilares e inegáveis os seguintes direitos: Segurança, Informação, Opção e Direito de ser ouvido.

> Consumers, by definition, include us all. They are the largest economic group in the economy, affecting and affected by almost every public and private economic decision. Two-thirds of all spending in the economy is by consumers. But they are the only important group in the economy who are not effectively organized, whose views are often not heard[21].

---

17 Direito do consumidor. Teoria geral da relação jurídica de consumo. 2. ed.São Paulo: QuartierLatin, 2008. p. 47.

18 Disponível em: <http://www.autolife.umd.umich.edu/Design/Gartman/Books/BK_Unsafe_Any_Speed.htm>. Acesso em: 12 mar. 2013.

19 O livro cujo título traduzido quer dizer "Inseguro a qualquer velocidade" traz a tona a voraz atuação da indústria que a fim de evitar custos com equipamentos de segurança, já existentes à época, contribuía para a morte de milhões de pessoas nos Estados Unidos e no mundo.

20 KENNEDY, John F. Special Message to the Congress on protecting the consumer interest. Disponível em: <http://www.presidency.ucsb.edu/ws/?pid=9108>. Acesso em: 30 mar. 2013.

21 "Consumidores, por definição, incluem todos nós. Eles são o mais vasto grupo na economia, afetando e sendo afetado por quase toda decisão econômica, pública ou privada. Dois terços de todo gasto

O eloquente discurso tem como traço inicial o reconhecimento da importância do consumidor na economia e a mínima ou nenhuma valorização dele, inclusive, pela inexistente organização da categoria.

Na ocasião, Kennedy rememorou medidas adotadas pelo governo no ano de 1872, visando à defesa do indivíduo contra fraudes nos sistemas de correspondências, frisando que, a partir daí, contudo, não mais se dedicou atenção aos interesses dos consumidores. Na mesma linha, sustentou o presidente que o País vivia um estado de franca expansão da qualidade de sua produção, o que elevou seu padrão de vida, estando em primeiro lugar no mundo, com projeção de crescimento do percentual de cinquenta por cento em cerca de vinte anos. Todas estas ponderações, no intuito de evidenciar o papel do consumidor no cenário experimentado pelo País e o respeito de que era digno. Clara era a concepção do governante de que investir no bem estar do consumidor era investir na economia do país e do mesmo modo o inverso.

A ausência de informação, delineada, sobremaneira pelo desconhecimento da própria composição e segurança do produto, bem como o marketing voraz, dada a possibilidade cada vez mais crescente de o fornecedor utilizar-se de meios de persuasão mais eficazes, foram apontados como elementos perniciosos que maculavam a relação social com o consumidor. Dessa forma, restou por pontuar como direitos essencialmente dignos de atenção[22]:

> a) à segurança – ser protegido de produtos prejudiciais à saúde e à vida;
>
> b) à informação – ser protegido de informação fraudulenta ou de outra nocividade que macule o direito de escolha;
>
> c) de escolha – franqueando-se, tanto quanto possível, o acesso a maior variedade de produtos, de forma que assim, possa escolher dentro de um mercado competitivo, que prime pela qualidade e preço;
>
> d) de ser ouvido, de opinar – de forma que o consumidor possa se manifestar e expor seus interesses.

Conclamou-se, na ocasião, a adoção de novos textos legais e ações administrativas em prol da consecução dos direitos enunciados, sendo estritamente necessário o comprometimento de todos os setores da sociedade envolvidos, especialmente, das indústrias e dos fornecedores.

Os programas de governo existentes que tocavam aos direitos do consumidor deveriam ser expandidos, a exemplo da segurança dos alimentos,

---

na economia é de consumidores. Mas eles são O único grupo importante na economia que não são efetivamente organizados, cujas visões, frequentemente, não são ouvidas."

22 KENNEDY, John F. Special Message to the Congress on protecting the consumer interest. Disponível em: <http://www.presidency.ucsb.edu/ws/?pid=9108>. Acesso em: 30 mar. 2013.

remédios, segurança e transporte, proteção financeira, custos e qualidade da vida doméstica.

A fim de sanar as inadequações ou insuficiências dos textos legais vigentes, recomendou o presidente determinadas medidas, entre as quais se inserem: conferir nomes mais acessíveis aos remédios, instituir normas mais severas de inspeção da qualidade dos alimentos, proibir o monopólio e estimular a competitividade.

Kennedy não deixa de evidenciar seu entendimento de que a implantação dos programas sugeridos requereria um modesto investimento, comparando-se a todos os benefícios que seriam alavancados para o País, a partir do fortalecimento de uma economia mais competitiva, de alto padrão de produtos e serviços.

O encerramento do discurso traduz o compromisso assumido pelo governo americano e propagado pelo mundo, quando reconhece o dever de proteger o interesse comum em cada decisão tomada e auxiliar no cumprimento das obrigações que esta providência implica.

É justamente a partir do pronunciamento em referência que se tem conhecimento da expansão, no mundo, da atuação em defesa dos direitos de uma categoria já definida, a dos consumidores. Até então, o que se contemplavam eram manifestações isoladas, as quais se sedimentaram em um movimento que detinha foco comum: a proteção daquele em que se pautava a existência e subsistência das relações econômicas, o consumidor.

Os eventos acima são alguns exemplos de manifestações históricas consumeristas, sendo que parte significativa destas ainda permanece em atividade no presente. Está-se a falar, por exemplo, da Consumers' Union (Associação dos Consumidores dos Estados Unidos), a qual decorre da Consumers' League (Liga dos Consumidores, 1981), formação que teve origem de protestos laborais em prol de melhores condições de trabalhos nos movimentos frigoríficos de Chicago, no fim do século XIX.

A prevalência do princípio da autonomia da vontade nas relações contratuais foi responsável pela prática desleal por parte dos fornecedores com relação aos consumidores, que não se viam protegidos por qualquer instrumento jurídico específico. A maior parte dos contratos entre as partes era confeccionada pelos fornecedores, aos quais aderiam o consumidor, desaguando em não raros desequilíbrios.

A relação fornecedor/consumidor evolui, consideravelmente, com o passar dos anos, e essa mudança se deve a uma crescente modificação de posicionamento do consumidor, que nem sempre pôde situar este interesse (como consumidor) de forma autônoma.

Nessa esteira, e, num quadro ilustrativo, Zigmunt Bauman[23] afirma que os consumidores da atualidade mantêm um relacionamento com fornecedores e Estado em paridade de relevância com o que representou a atuação dos trabalhadores no princípio do século XX; em outras palavras, os conflitos concernentes ao consumo tomaram lugar das batalhas travadas por proletariado e capitalistas, estes marcantes da política dos séculos XIX e XX[24].

O posicionamento acima transcrito insere-se na reflexão proposta pelo autor acerca da importância do consumidor no cenário econômico, não como mero coadjuvante, mas como indivíduo de ímpar relevância, capaz de ditar o sucesso ou insucesso do mercado. Por isso, a necessária preocupação em fazer com que aquele cumpra com o seu dever, nas palavras de Bauman, de comprar e comprar muito.

Tal condição decorreria (ou se relacionaria com) da mudança de condição do indivíduo na sociedade, a criação e reconhecimento de identidades próprias, que, de certo modo, retiram do indivíduo na sociedade, estereótipos, e fazem dele pessoa com caracteres pessoais, transcendentes à sua colocação profissional, por exemplo. Dessa identidade, emergem o gosto e a condição de se impor no mercado.

Essas breves reflexões têm lugar, especialmente, ao se pensar na interpretação da legislação aplicável às relações de consumo, a qual sofre influência do Liberalismo, a exemplo da autonomia da vontade, a liberdade de contratar e fixar cláusulas, dentre outros[25], bem como da evolução histórica que impõe a produção em massa, dado o dinâmico desenvolvimento social que alavancou a demanda e impôs um ritmo incessante de atividade industrial, e, na atualidade, de serviços.

1.2 O DIREITO DO CONSUMIDOR NO BRASIL

Antes que se proceda a uma abordagem específica da legislação em prol do consumidor no Brasil, há que se considerar que, por muitos anos, esta não existiu de forma direcionada e especializada.

Por considerável período, diga-se de forma mais específica, à vigência do Código Civil de 1916, as relações de consumo eram reguladas por normas genéricas que tratavam de transações diversas, sem que houvesse a contemplação de qualquer distinção pontual entre as partes.

23 Trabajo, consumismo y nuevos pobres. Barcelona: Editorial Gedisa, 1998. p. 48.

24 MARQUES, Cláudia Lima. Contratos no Código de defesa do consumidor. 6.ed.rev.atual.e ampl. São Paulo: Revista dos Tribunais, 2011. p. 302.

25 NUNES, Luiz Antônio Rizzardo. Curso de direito do consumidor. 2.ed.rev.mod.e atual. São Paulo: Saraiva, 2005. p. 68.

A exemplo do que ocorreu com outras categorias de indivíduos (criança e adolescente, torcedor, dentre outros), percebeu o legislador que o tratamento genérico acabava expondo o indivíduo, em determinadas situações ou condições, a riscos mais acentuados, o que poderia ser sanado se lhe fosse conferida uma proteção específica. Neste norte surgem tanto o Código de Defesa do Consumidor, quanto o Estatuto do Idoso.

A proteção acima noticiada se traduz pelos microssistemas jurídicos, uma solução vislumbrada à incapacidade do macrossistema (civil, por exemplo) em abranger, plenamente, os interesses de coletividades em condição de vulnerabilidade.

Nota-se, a esta altura, que os microssistemas amparam-se nas normas constitucionais, responsáveis pela tutela dos direitos cuja proteção mais específica se almejava concretizar, embora já pudessem ser objeto de previsão na legislação civil, por exemplo. Essa inovação se deu, essencialmente, a partir da Constituição Federal de 1988 que elencou uma série de normas e princípios que evidenciaram a especialidade de algumas matérias. Assim, o Código Civil, que tinha um papel inarredável de norte principal, deixou de sê-lo quanto a temáticas que passaram a dispor de diplomas próprios.

Ainda sob este espírito axiológico conferido pela norma constitucional é que se pôde passar a falar em Direito Civil constitucionalizado, dada a firme interpenetração de conteúdos e dependência da norma civil à órbita constitucional.

No Brasil, a legislação de proteção ao consumidor foi sancionada em 11 de setembro de 1990, sob o nº. 8.078, o Código de Defesa do Consumidor, o qual veio em atendimento ao disposto no artigo 5º, inciso XXXII da Constituição Federal/1988, que dispõe o dever do Estado em promover, na forma da lei, a defesa do consumidor.

Antes da promulgação da aludida constituição, o país contava com legislações esparsas, sendo que as mais relevantes podem ser elencadas, as quais dispunham acerca de um ou outro interesse do consumidor, tutelado a partir de manifestações diversas e específicas.

Formulando um breve rol dos dispositivos legais e normativos que integraram um elenco significativo na defesa dos direitos do consumidor, podem-se mencionar a Lei Delegada 4 de 26/09/1962, que cuidava de estabelecer padrões de intervenção no domínio econômico, a fim de assegurar o fornecimento de produtos necessários ao consumidor, estabelecendo, dentre outros mecanismos, o tabelamento de preços,[26] e o Decreto 986 de 21/10/1969,

[26] Relatório final dos vinte anos do Código de Defesa do Consumidor. Disponível em: <http://www.senado.gov.br/senado/Programas/20anoscdc/>. Acesso em: 30 mar. 2013.

que previu padrões de qualidade e normas de rotulagem de produtos, e a Lei5.991 de 17/12/1973 que dispõe sobre o controle sanitário de medicamentos, drogas e correlatos.

À época, antes da Constituição Federal de 1988, o consumidor se defrontava com um cenário em que ele mesmo não tinha condições de se impor, dada a fragilidade de instrumentos de defesa, bem como a ausência de informações que lhes pudesse cientificar de seus direitos ainda que de cunho contratual com base na legislação civil. Ademais, a legislação existente, por si só, denotava a carência por uma distinção das figuras do consumidor e fornecedor, pelas disparidades existentes entre ambos.

No ano de 1975, o Brasil vivenciou o marco do movimento consumerista, a partir da criação da Associação de Proteção do Consumidor, em Porto Alegre, no dia 13 de maio, sob a presidência do advogado Renato Móttola (E não seria a última vez que este nome seria ouvido no cenário consumerista, já que se empenhou mais tarde no trabalho de elaboração do Código de Defesa do Consumidor – CDC).

A relevância da Associação na seara do Consumidor restou patente quando, com apenas um ano de existência, fez-se presente perante a Comissão Parlamentar de Inquérito que visava apurar irregularidades técnicas em produtos ofertados no mercado de consumo.

A mesma comissão também representou algo demasiadamente significativo para a seara consumerista, pois revelava a abrangência e importância da discussão da proteção do consumidor, sendo que em seu relatório final, promoveu-se o apontamento de uma série de questões problemáticas enfrentadas pelo consumidor, bem como sugeriu-se a criação de órgãos especializados de assistência e defesa.

Caminhando de forma relevante, o movimento teve significativa manifestação com a criação do PROCON SP, no ano de 1976, que à época era nominado Grupo Executivo de Proteção ao Consumidor, inserido no Sistema Estadual de Defesa do Consumidor, com fincas na Lei estadual 1.903/1978.

A atuação do órgão era meramente consultiva, fornecendo aos postulantes informações atinentes às relações de consumo, com base na legislação esparsa vigente. Com o passar do tempo, esta prerrogativa se aprimorou, sendo alargada a assistência prestada aos consumidores, inclusive, por meio de intervenção na esfera judicial.

A diretora executiva do PROCON, Sra. Marilena Lazzarini, foi também figura de destaque no Instituto Brasileiro de Defesa do Consumidor, o IDEC, criado em São Paulo, no ano de 1987. O instituto realizou trabalhos de proeminência, em destaque os testes realizados em produtos, com resultados divulgados em boletim informativo (Consumidor S.A.).[27]

A Lei 9.099/1995 é fruto de trabalho em prol da defesa do consumidor, uma vez que emana de trabalhos da Comissão de Defesa do Consumidor da Câmara Federal (1981), na qual, em 1983, apresentou-se o Projeto de Lei 1.950 que visava à criação de juizados de pequenas causas, abarcando pedidos limitados a vinte salários-mínimos, gama em que se inseria quase a totalidade dos conflitos de consumo. Assim, nasce a Lei 7.244 de 09/11/1984, hoje suprida pela Lei 9.099/1995.

A defesa dos direitos do consumidor encontrava guarida em ditames legais esparsos, antes da vigência do Código de Defesa do Consumidor, sendo relevante destacar o papel da Lei 7.347 de 24/07/1985, em que se abordava a defesa de direitos coletivos, contemplando a Ação Civil Pública, como ímpar mecanismo de proteção.

No mesmo ano foi criado o Conselho Nacional de Defesa do Consumidor, vinculado ao Ministério da Justiça, a partir de Decreto 91.469, do então presidente José Sarney, o qual se destaca, dentre outras atuações, pela sugestão de criação de PROCONS em todos os estados, bem como a influência para inclusão da temática do Consumidor na Constituição de 1988. Foi ainda o conselho em referência que formou a Comissão de Juristas responsável pela criação do anteprojeto que se tornou em projeto de Lei do Código de Defesa do Consumidor.

Ainda no ano de 1985, em Assembleia Geral, a Organização das Nações Unidas editou a Resolução 39/248, pela qual buscava nortear os países em prol da defesa do consumidor, cujos objetivos, em linhas gerais, eram de regular a relação entre consumidor e fornecedor, amparando aquele diante deste[28].

A realização do I Congresso Internacional de Direito do Consumidor no Brasil, no ano de 1989 teve grande relevância para o aperfeiçoamento do anteprojeto do Código e revelou a preocupação com o tema no país.

As manifestações em referência revelam que a temática já alcançava uma relevância no plano jurídico pátrio, muito embora as manifestações legais hajam surgido de forma tímida, se considerada a abordagem no plano mundial, de forma mais incisiva, a partir do discurso do Presidente Kennedy, em 1962.

---

27 Relatório final dos vinte anos do Código de Defesa do Consumidor. Disponível em: <http://www.senado.gov.br/senado/Programas/20anoscdc/>. Acesso em: 30 mar. 2013.

28 Relatório final dos vinte anos do Código de Defesa do Consumidor. Disponível em: <http://www.senado.gov.br/senado/Programas/20anoscdc/>. Acesso em: 30 mar. 2013.

Importa mencionar ainda que, no ano de 1994, pela Lei 8.842 passou a vigorar no país, a Política Nacional do Idoso – PNI, lei que dentre outras providências, criou o Conselho Nacional do Idoso, que considerou como pertencente a essa faixa etária todo indivíduo com idade superior a sessenta anos[29].

Relevante aspecto no texto legal em comento é a existência de um dispositivo que remete a normas constitucionais, a exemplo do dever de proteção familiar, alçando os princípios também da Política Nacional do Idoso, conforme se infere da leitura de seu artigo 3°, inciso I.[30]

Antes da vigência do Código de Defesa do Consumidor, o país não contava com normas específicas para a proteção do consumidor, vendo-se o indivíduo tutelado pelas mesmas regras que regiam os demais negócios jurídicos celebrados, portanto, à luz do Código Civil e demais legislações aplicáveis a tais relações.

Com espeque na norma contida no artigo 5°, XXXII da novel Constituição Federal de 1988 c/c artigo 48 dos Atos das Disposições Constitucionais Transitórias, foi constituída uma Comissão Mista para elaboração do Código de Defesa do Consumidor. Destacou-se, neste ínterim, o Projeto de Lei de autoria do senador Jutahy Magalhães, com vistas a amparar os trabalhos da Comissão, restando o surgimento de muitas discussões acerca do alcance da Lei.

Adentrando de forma mais específica a previsão constitucional, importa frisar que o direito do consumidor foi também consagrado na Constituição através do artigo 170, inciso V, como princípio da ordem econômica, e assume, nesta condição, caráter impositivo, de dupla funcionalidade: a primeira, no atributo de instrumento para a garantia de uma existência digna; a segunda, sob o aspecto de diretriz, ao justificar a reivindicação por políticas públicas[31].

Eros Grau aponta que não inadvertidamente se insere a defesa do consumidor também como princípio de ordem econômica, mas com o claro intento de evidenciar um interesse de cunho capitalista em tal previsão. Assim o faz, ao asseverar que o objetivo do Estado, dentre outros, é imbuir o consumidor de uma consciência em que o trabalho seja sobreposto, de maneira que, havendo dissensões que exponham a risco o organismo de produção de onde retirem seu sustento, ainda que sob o argumento de proteção ao consumidor, estejam dispostos a compactuar com o empresário.

---

29 Artigo 2° da lei em referência.

30 Art. 3° A política nacional do idoso reger-se-á pelos seguintes princípios:
I – a família, a sociedade e o estado têm o dever de assegurar ao idoso todos os direitos da cidadania, garantindo sua participação na comunidade, defendendo sua dignidade, bem-estar e o direito à vida;
[...]

31 GRAU, Eros Roberto. A ordem econômica na Constituição de 1988 (Interpretação e crítica). 13.ed. rev.e atual. São Paulo: Malheiros, 2008, p. 249.

Dessa forma, ambas as categorias se sentiriam tuteladas, embora, faticamente, os indivíduos pudessem abrir mão de uma tutela em prol da outra, situação em que o aspecto consumidor, quase sempre, sairia vencido[32].

O Direito do Consumidor na seara jurídica pátria é, portanto, agasalhado pela norma constitucional, como meio de proteção à ordem econômica. Já a partir das previsões constitucionais, pode-se compreender que a questão do consumidor não restou engessada por viabilização legal, afinal, a Carta externa de forma clara, que o Estado deveria investir em políticas públicas para tanto, até porque o funcionamento da ordem econômica não se restringe a mecanismos legais.

Cediço que a edição de leis, ao intento de atender a disposição constitucional é inevitável, de forma que institutos e funções foram criados com vistas à concretização das prerrogativas do consumidor. É o que se pode mencionar acerca da atuação do Ministério Público, o qual desempenha a função institucional de defesa do Consumidor[33] [34].

A importância da proteção ao direito do Consumidor é ainda manifestada pela previsão constitucional concernente à distribuição concorrente da competência entre União, Estados, Distrito Federal para legislar em relação a eventual dano ao consumidor, conforme se denota da leitura do artigo 24, inciso VIII.

No dia 09/05/1989, foi instalada a Comissão Temporária, ocasião em que se atribuíram atividades, a saber: presidência por Jutahy Magalhães e vice-presidência de João Menezes; para a relatoria das matérias, designou-se Dirceu Carneiro de forma geral e os relatórios parciais distribuídos da seguinte forma: Título I, para o Senador Iram Saraiva; Títulos II e III para o Senador Nelson Wedekin; Título IV, para o Senador Ruy Bacelar; e, finalmente, Título V, para o Senador Mauro Borges[35]. Ao final daqueles trabalhos, foi concedido prazo de vinte dias para apresentação de emendas ao projeto, que não foram poucas, mas totalizaram 62, por parte de seis senadores.

Temas de alta relevância na atualidade foram alvo de tentativa de supressão do Código, a exemplo do instituto da inversão do ônus da prova, revisão de cláusulas contratuais pelo Judiciário, responsabilização do sócio gerente, bem como responsabilização do mais forte na relação de consumo[36].

---

32 Ibid. p. 250.

33 BRASIL. Lei 8.625, de 12 de fevereiro de 1993. Institui a Lei Orgânica Nacional do Ministério Público, dispõe sobre normas gerais para a organização do Ministério Público dos Estados e dá outras providências. Disponível em:< http://www.planalto.gov.br/ccivil_03/lei/l8625>. Acesso em: 20 abr. 2013.

34 BRASIL. Lei Complementar 75, de 20 de maio de 1993. Dispõe sobre a organização, as atribuições e o estatuto do Ministério Público da União. Disponível em: <http://www.planalto.gov.br/ccivil_03/lei/lcp75>. Acesso em: 20 abr. 2013.

35 Ibidem.

36 BRASIL. Lei 8.078, de 11 de setembro de 1990. Dispõe sobre a proteção do consumidor e dá outras providências. Disponível em: <http://www.planalto.gov.br/ccivil_03/leis/l8078.htm> Acesso em: 04 abr. 2013.

Diversas foram as emendas que não prosperaram sob pena de limitar demasiadamente a defesa do consumidor, a exemplo da proposta do senador Afonso Sancho que intentava estabelecer a Justiça Federal como única competente para conhecer das causas de relação de consumo.

Assim, o Projeto de Lei do Senado 97 de 1989 foi votado e aprovado, sendo encaminhado à Câmara dos Deputados, recebendo a numeração 3.683 de 1989. O anteprojeto que baseou o projeto aprovado no Senado foi alcançado pelo prévio trabalho da Comissão Mista da Câmara e Senado, dada sua constituição privilegiada por estudiosos do tema.

Estudos, discussões e audiências públicas foram realizados pela Comissão, sendo que a sua inconstitucionalidade foi arguida pelo senador Dirceu Carneiro,[37] ao fundamento da ilegitimidade da apreciação da matéria por uma comissão mista, entendimento a que se filiou a Comissão de Constituição e Justiça da Câmara, sagrando-se vencedora.

Em que pese a desconstituição da Comissão Mista, o trabalho por ela produzido foi mantido quase na integralidade, com breves alterações, de forma que o texto então sancionado da Lei 8.078/1990 reflete seus ideais e intentos.

Uma discussão que se sobressaiu na tramitação do projeto, diz respeito a configurar-se um código ou um texto de lei simples. Embora possa parecer meramente terminológica, não o é, de modo que deu causa a debates atinentes à urgência do trâmite e à inadequação de tal suscitação com base no regimento interno da Casa legislativa[38].

Assim, em 26/06/1990 foi aprovada a redação do projeto, seguindo para o Senado, para revisão das alterações realizadas pela Câmara, sendo que foi votado e aprovado em pouco mais de uma semana.

Os vetos realizados pelo então presidente Fernando Collor de Melo merecem referência no presente trabalho, em especial sob os tópicos relacionados: manutenção de órgãos de defesa do consumidor por estados e municípios, comercialização de produtos altamente nocivos, limitação da reparação do consumidor ao valor dos bens danificados, aplicação de multa civil (sendo este ponto alvo de acentuadas críticas), contrapropaganda em desfavor da propaganda enganosa, dentre outros.

Assim, a Lei 8.078/1990 foi publicada no dia 11 de setembro, entrando em vigor no prazo de 180 (cento e oitenta) dias.

A relevância da edição de um código específico à defesa do consumidor não é questionável, contudo, o legislador ordinário já compreendia que este

---

37 Relatório final dos vinte anos do Código de Defesa do Consumidor. Elaborado pela Comissão de Meio Ambiente, Defesa do Consumidor e Fiscalização e Controle do Senado Federal. Disponível em: <http://www.senado.gov.br/senado/Programas/20anoscdc/>. Acesso em: 30 mar. 2013.

38 Ibidem.

não seria capaz de exaurir os mecanismos de defesa a esta categoria, até porque restara claro que a lei não seria um instrumento único e suficiente a tanto. Em suma, tem-se que a edição do Código de Defesa do Consumidor foi muito importante, mas a Constituição Federal de 1988 determinou a criação de políticas públicas de defesa do consumidor do que a lei é um elemento, importante, mas não o único.

As atuações governamentais em prol do consumidor despontam o resultado de algo pelo que clamou o presidente John Kennedy em seu discurso já destacado nas anteriores laudas, no sentido de que a classe se organizasse e assim se fizesse ouvir.

Por esta razão é que, hodiernamente, conta-se com grupos legitimados à defesa do consumidor, a exemplo do Órgão de Proteção e Defesa do Consumidor (PROCON), e se experimenta a invocação de novos questionamentos quanto à validação de seus direitos de acordo com a evolução do mercado de consumo.

Uma vez que se fala em contínuas modificações no mercado, no sentido de inovações tecnológicas, principalmente, confronta-se com o aumento da expectativa de vida populacional, e os impactos sofridos por esta gama de indivíduos, os idosos, que por questões fisiológicas e culturais se inserem numa situação de acentuação de sua fragilidade como consumidor. Surge então, o questionamento atinente à necessidade de reconhecer-se a existência de uma nova ou especial categoria de consumidores e a suficiência do tratamento que até então se lhes tem se dispensado.

O desenvolvimento do direito do consumidor no mundo e no cenário pátrio revela que por diferentes nuances, é contemplado, de acordo com a relevância que lhe é conferida pelo Estado, eis que, indubitavelmente, reconhecida a vulnerabilidade do consumidor, carece, no mínimo de uma prestação negativa daquele.

Por essa razão, tem-se por relevante perquirir qual lugar tem sido conferido ao direito do consumidor, em que patamar tem sido estampado no ordenamento jurídico pátrio, de forma a compreender as implicações daí decorrentes e, num momento posterior, poder contemplar-se as motivações de sua efetividade quanto a determinados grupos específicos de indivíduos.

Ao decorrer do estudo, contudo, necessário se fará alcançar outros aspectos do direito do consumidor, notadamente, sob o enfoque de sua condição quando se tratar de indivíduo idoso, o que se promoverá mediante o inicial e necessário estudo sobre os principais instrumentos legais de ambos os microssistemas.

2

A PROTEÇÃO CONSTITUCIONAL DO CONSUMIDOR

Conforme se verifica pelo estudo proposto nas anteriores laudas, o direito do consumidor tem recente reconhecimento mundial, considerando que a manifestação de maior expressividade ocorrera em 1962[1], portanto, há cinquenta e um anos. Desde então, mecanismos têm sido adotados, de forma a promover a proteção de tal direito, na maioria das vezes, por meio de textos de leis. O legislador originário, contudo, cuidou de reconhecer a necessidade de inclusão da temática do consumo sob o manto constitucional, e assim o fez, conferindo-lhe o caráter de fundamental, de forma que se revela justificável a reflexão acerca das motivações e efeitos de tal acertamento, com amparo com que se poderá compreender o alcance das medidas adotadas em defesa do consumidor.

À época da promulgação do texto constitucional, já se experimentara no cenário mundial, a eclosão do movimento consumerista, a partir do discurso de John Kennedy[2] já se tendo notícias de manifestações no Brasil, conforme delineado no capítulo anterior.

Conforme Roberta Densa[3], já no século XIX, é possível observar um movimento de maior interferência do Estado na economia, o que ocasiona a inserção dos direitos sociais e econômicos nos textos constitucionais. Parafraseando a mencionada autora, é certo que, com o liberalismo exacerbado, o indivíduo não poderia usufruir o direito de ir e vir, livre e permanente, se estivesse à margem da sociedade. Passou-se a ser adotado o sistema denominado modelo social democrata.

Tal como se busca evidenciar a seguir, a leitura do texto constitucional informa, todavia, uma diretriz mais ampla, que se assenta no teor econômico. Tanto o é que, não desarrazoadamente, encontra-se o direito do consumidor

1 Pelo pronunciamento de John Kennedy em 1.962.

2 Disponível em <http://www.presidency.ucsb.edu/ws/?pid=9108>. Acesso em 30 mar 2013

3 Direito do consumidor. 7. ed. São Paulo: Atlas, 2011. p. 2.

previsto no inciso V do artigo 170 da Constituição como princípio basilar à ordem econômica.

Faz-se necessário ter em mente que o texto constitucional é organizado de forma sistematizada, de modo que o Título I guarda relação com os sequentes até o final e de forma coerente. Assim, os princípios estampados no Título I (Dos princípios fundamentais) tem total consonância com aqueles elencados no Título VII (Da ordem econômica e financeira)[4].

Ainda assim, entretanto, há que se ponderar que o alvo da proteção na relação de consumo não seja esta em si mesma, mas sim a figura do consumidor, que, dada a considerável desvantagem econômica perante o fornecedor, fez-se merecedor de tutelas específicas, em prol de que lhe seja assegurada a necessária superioridade jurídica.

Tecidas tais considerações, avança-se para a exposição dos fundamentos erigidos pelos estudiosos da temática para a inclusão de direito de ordem privada no rol de fundamentais. A este respeito discursa Bruno Nubens Barbosa Miragem[5], frisando que a ordem constitucional vigente é afeita ao pleno atendimento a princípio norte do Documento, a saber, a dignidade da pessoa humana, de forma que, sendo o indivíduo alvo necessário de uma proteção mais elastecida, legítimo se faz que o cenário de anterior exclusiva proteção civilista seja superado.

Importa, neste aspecto, frisar que até a plena previsão das relações de consumo por legislação específica, os negócios entre fornecedor e consumidor eram regulados pela legislação comercial e contratual (previsão do Código Civil de 1916).[6]

Esta técnica de inserção do consumidor no texto constitucional na condição de protegido não foi restrita a tal categoria, mas outras espécies, como a família e propriedade, que até então, eram objeto de tratativa somente na legislação civil, alcançaram patamar constitucional. Neste proceder, passou o direito do consumidor a ter papel de preponderância com relação aos demais direitos, prevalecendo na hipótese de aparente antinomia, valendo-se das respectivas normas para que se promova sua concretização[7].

---

4 COSTA MACHADO, Antônio Cláudio. Constituição federal interpretada. 2.ed. Barueri: Manole, 2011. p. 964.

5 O Direito do consumidor como direito fundamental. In: Revista de Direito do Consumidor 43. Ano 11 (jul-set 2002). Editora Revista dos Tribunais. p. 114.

6 FACHIN, Luiz Edson. Questões de direito civil brasileiro contemporâneo. Rio de Janeiro: Renovar, 2008. p. 3.

7 TEPEDINO, Gustavo. Normas constitucionais e direito civil. Revista da Faculdade de Direito de Campos. Ano IV, nº.4 e ano V, nº 5 – 2003-2004. p. 169.

2.1 CONSTITUCIONALIZAÇÃO DO DIREITO CIVIL: A PROTEÇÃO DO CONSUMIDOR COMO DIREITO FUNDAMENTAL

O direito do consumidor encontra-se estampado no rol de proteção do artigo 5° da Constituição Federal, em que se arrolam os direitos fundamentais, portanto, marcados pelo atributo de cláusula pétrea[8], não afeitos à modificação. A disposição em questão aloca-se no inciso XXXII do referido dispositivo, *in verbis*: "O Estado promoverá, na forma da lei, a defesa do consumidor.", no capítulo sob o título "Dos direitos e garantias fundamentais".

A doutrina de João Luiz M. Esteves[9] ensina que os direitos fundamentais surgiram e foram conquistados, no momento de formação de um novo tipo de organização estatal, o dito Estado de Direito burguês, o qual contemplava um ideal libertador do indivíduo, pautando o próprio modelo econômico, determinando, assim, a harmonia do sistema.

José Afonso da Silva[10] adota os conceitos de Gomes Canotilho e Vital Moreira, asseverando que os princípios fundamentais visam definir e caracterizar a coletividade política e o Estado, enumerando as principais opções político constitucionais. Os autores em referência pontuam ainda que tais princípios norteiam todo o remanescente normativo constitucional.

Tal reflexão se propõe, com a força de erigir o questionamento da motivação de se inserir tal previsão (direito do consumidor) em capítulo de tanta relevância e ímpar importância em que se paute o Estado nos fundamentos previstos no artigo 1° da Constituição Pátria, podendo sugerir a hipótese de que se almejasse contemplar, de forma isolada, exclusiva, a pessoa do consumidor.

A forma como se a inserção do direito do consumidor no texto constitucional e na condição de fundamental, importa, de forma preponderante, na atuação do Estado em caráter protetivo, de onde se extrai, por vezes, a necessidade de abstenção de práticas por terceiros e até mesmo pelo Estado, a fim de que não haja lesão.

Deve o Estado, portanto, agir em defesa do consumidor, bem como abster-se de qualquer prática que possa obstar a plena atuação deste no mercado. E essa é a diretriz aplicável a todos os direitos de liberdades, expressos quando da proteção do indivíduo, conforme pontua João Luiz M. Esteves.[11]

---

8 Artigo 60, §4° da Constituição Federal.

9 Direitos fundamentais sociais no Supremo Tribunal Federal. São Paulo: Método, 2007. p. 23.

10 Curso de Direito constitucional positivo. São Paulo: Malheiros, 2011. p. 94.

11 A constituição Econômica de 1.988: Fundamentos, funções e enunciado – síntese. In: Constitucionalismo e Democracia. Rio de Janeiro: Elsevier, 2012.p. 134. p. 40.

Por tais exposições, faz-se possível concluir que o direito do consumidor, alçado à condição de fundamental, recebe proteção ampla, de modo que, tanto quanto possível, faça-se contemplar a minimização de sua inferioridade perante o fornecedor, a fim de que a economia possa subsistir de forma justa e não seja o indivíduo ultrajado pela violação de sua dignidade, tão somente pelo fato de não dispor dos meios de produção.

Por fim, pontua-se, com relação à alocação do consumidor no inciso XXXII do artigo 5º, que tal ocorrência emana da constitucionalização do Direito Civil, em 1988, como reflexo do intento de consecução de seus princípios, dentre os quais se destaca, com maior ênfase, o da dignidade da pessoa humana.

> [...] a Constituição Federal de 1988 erigiu como fundamento da República a dignidade da pessoa humana. Tal opção colocou a pessoa como centro das preocupações do ordenamento jurídico, de modo que todo o sistema, que tem na Constituição sua orientação e seu fundamento, se direciona para sua proteção. As normas constitucionais (compostas de princípios e regras), centradas nessa perspectiva, conferem unidade sistemática a todo ornamento jurídico.[12]

Antes de ser erigido o direito do consumidor à ordem constitucional, fazia-se reger pelas normas civilistas e comerciais gerais, de forma que as especificidades dessa relação, de onde se denota com maior clareza a vulnerabilidade perante o fornecedor economicamente superior, não eram consideradas e, portanto, não podiam ser sanadas[13]. Assim, a condição do consumidor não era favorável à sua subsistência, já que, muito embora em posição de desvantagem, dispunha dos mesmos mecanismos que eram dispostos ao fornecedor, logo, penderia a balança sempre em desfavor daquele.

Ainda quanto aos moldes em que se deu a inclusão do direito do consumidor no seio constitucional, tem-se, sob a visão de Roberta Densa[14], o claro desejo de promover a proteção da pessoa, imbuída, no caso, na condição de consumidor, o que justifica que se abra mão da irrestrita proteção do mercado, traço do capitalismo.

O Código de Defesa do Consumidor nasce a partir da determinação do texto constitucional de que a proteção do consumidor se dê, na forma da lei[15] –

---

[12] FACHIN, Luiz Edson. Questões de direito civil brasileiro contemporâneo. Rio de Janeiro: Renovar, 2008 p. 6.

[13] COSTA MACHADO, Antônio Cláudio. Constituição federal interpretada. 2.ed. Barueri: Manole, 2011. p. 970.

[14] Ibid. p. 3

[15] Ibid. p. 28.

frise-se, que esta providência não se consubstancia tão somente a partir do Código em referência, mas também por outros mecanismos normativos e administrativos.

O artigo 4º do supracitado Código estabelece que a Política Nacional de relação de consumo tem como objetivos, *ipsis literis*, o atendimento das necessidades dos consumidores, o respeito à sua dignidade, saúde e segurança, a proteção de seus interesses econômicos, a melhoria da sua qualidade de vida, bem como a transparência e harmonia das relações de consumo.

No intento de obter a concretização de tais desígnios, o legislador infraconstitucional reconhece os aspectos que delineiam o perfil do consumidor, a exemplo de sua vulnerabilidade, bem como estabelece diretrizes, como a que discorre acerca da necessária constância no estudo das modificações do mercado de consumo.

Por fim, são estabelecidos meios pelos quais se busca a concretização dos ideais da Política, em rol exemplificativo do artigo 5º do mesmo diploma legal, dentre as quais se menciona a instituição de Promotorias de Justiça de Defesa do Consumidor, no âmbito do Ministério Público.

Importa, neste aspecto, detalhar a já mencionada constitucionalização do Direito Civil, atividade esta demarcada pela atuação do constituinte originário que reconheceu a conexão de normas civis essenciais à consecução de princípios norteadores da ordem social[16]. Certamente, determinados direitos têm uma relevância que justifica a sua inclusão no plano constitucional, a fim de que não seja preterido se posto a frente de outros interesses tutelados no plano infraconstitucional.

Não se trata de uma publicização de direitos privados, eis que essa se traduz, geralmente, pela atividade mais marcante do legislador, dada a necessidade de franca intervenção estatal. Na constitucionalização, embora perpasse, necessariamente, pela órbita legal originária, não se restringe a tal, mas tem no Estado a função garantidora, a qual decorre da reconhecida comunhão de interesse de defesa da pessoa e relações que lhe são caras.

Parafraseando Bruno Nuben Barbosa Miragem, as categorias fundantes do direito civil, como a pessoa, família, propriedade e contrato, fazem-se presentes na Constituição de 1988, e, assim, passa-se a uma identificação do direito civil como uma espécie do direito constitucional.[17]

---

16 TEPEDINO, Gustavo. Normas constitucionais e direito civil. Revista da Faculdade de Direito de Campos. Ano IV, nº.4 e ano V, nº 5 – 2003-2004. p. 167.

17 Ibid. p. 115.

O texto constitucional tem o intento de fazer com que todo o ordenamento busque amoldar-se ao seu norte, pelo que se diz seu cunho conformador, de forma que todo o sistema jurídico deva aos termos constitucionais se adequar, não sendo legítimo à ordem infraconstitucional contrapô-la.

A partir de 1988, portanto, era natural que se falasse na necessária amoldagem da legislação civilista ao texto constitucional, a fim de que daquela não destoasse, e, nessa oportunidade, é que decidiu o constituinte originário por alçar determinadas temáticas já ao plano constitucional, conferindo-lhe uma eficácia superior, a que deveria se curvar todo o remanescente do ordenamento.

Não há dúvidas de que as matérias que constituíram alvo de previsão constitucional têm histórico de movimentos ou fatídicos relevantes na história, havendo merecido, em algum momento, atenção especial que ensejou discutir proteção a interesses específicos.[18]

Repisa-se, uma vez mais, que o texto de 1988 tem a dignidade da pessoa humana como fundamento e princípio norteador de todo o ordenamento[19] e, assim sendo, alguns institutos são repensados quanto a seu caráter absoluto, a exemplo da propriedade, que, não deixando de ser protegida, não é mais abarcada como o centro do sistema. A compreensão desse enunciado transcorre pelo entendimento da necessária conexão, harmonia de todo o ordenamento.

A acolhida pelo texto constitucional de normas civilistas e a adequação destas no plano infraconstitucional é possível a partir de um franco acesso entre ambos e a comunhão de interesses.

Com isto, está a se afirmar que não se questiona a validade da abordagem de determinados temas pela legislação civil, mas considera-se a necessidade de um instrumento de equilíbrio na oportunidade em que estes se contraponham e se vejam de tal modo estancados que beiram à sua extirpação, quando, contudo, se revele essencial à ordem. É nesse momento que devem imperar as diretrizes constitucionais, sob o cunho de princípios ou normas diretamente, sem considerar-se a imprescindibilidade de que se aloque a questão no próprio texto constitucional.

O trabalho inicial da constitucionalização do Direito Civil reside na conformação do entendimento à norma constitucional, de modo que todo o sistema deverá ser lido à luz dos nortes constitucionais.

---

18 CANOTILHO, J.J. Gomes. Direito constitucional e teoria da constituição. 7.ed. Coimbra: Edições Almedina, 2003.

19 COSTA MACHADO, Antônio Cláudio. Constituição federal interpretada. 2.ed. Barueri: Manole, 2011. p. 5

Ao abordar a questão dos direitos civis constitucionalizados, Renato Maia[20] acosta-se à questão da horizontalização, erigindo o questionamento atinente à validade da aplicação dos direitos fundamentais nas relações privadas, traçando por inquestionável a vigência na relação indivíduo-Estado, dada a patente limitação na atuação deste em prol da defesa dos interesses daquele.

Com relação a tal problemática, expõe o estudioso que a obediência aos direitos fundamentais nas relações privadas traduz a horizontalização deles, sem que haja que se clamar pela intervenção do legislador ordinário. Cediço, à luz de tal concepção, que os conflitos são inevitáveis e sanáveis a partir da ingerência da razoabilidade e harmonização, promovendo-se, quando necessária, a interferência – provocada, do Estado Juiz.

A admissão de uma interferência do direito constitucional na esfera civil promoveu a assunção de um papel na aplicação e vivência dos direitos pela qual a interpretação de uma regra civil pauta-se, necessariamente, pelas diretrizes constitucionais, por isso a expressão Direito Civil Constitucionalizado ou Publicizado.[21]

Importa, neste aspecto, destacar que cuida a doutrina de erigir um princípio de tal ordem, o nominado Princípio da interpretação conforme a constituição[22], segundo o qual o intérprete da norma infraconstitucional deve buscar o sentido da lei que mais coadune com o texto constitucional, ainda que não seja este o que se extraia de uma lógica imediata.[23]

Neste sentir de direitos privados erigidos ao patamar da Lei Maior, experimenta-se a raiz de todo o intento constitucional nas regras civis. Assim é que, ilustrativamente, mesmo falando-se em direitos de cunho estritamente patrimoniais, num plano de fundo, atenta-se à questão da dignidade da pessoa humana, fundamento constitucional. Nessa compreensão é que MAIA[24]

---

20 Da horizontalização dos direitos fundamentais. Revista da Faculdade de Direito do Sul de Minas. Edição especial 2008. Disponível em <http://www.fdsm.edu.br/revista/Extra2008/Extra2008_8.pdf.> Acesso em 24 jul 13.

21 Tal terminologia é explorada por FACHIN, em Questões de direito civil contemporâneo, sendo que ao tratar dos desafios das modificações perpassadas na esfera civil, considera que "Aprender que a "constitucionalização" que retirou o Direito Civil tradicional de uma sonolenta imobilidade, não se resume ao texto formal de 5 de outubro de 1988, mas passa pela dimensão substancial da Constituição e alcança uma visão prospectiva dos princípios constitucionais implícitos e explícitos, num processo contínuo e incessante de prestação de contas à realidade subjacente ao direito." p. 13.

22 BARROSO, Luis Roberto. Interpretação e aplicação da Constituição. 7.ed. São Paulo: Saraiva, 2009. p.373.

23 O mesmo autor, BARROSO, assevera o necessário apreço na utilização de tal princípio, a fim de que não desvirtue o intérprete o sentido da lei, de forma constituir-se em um verdadeiro legislador positivo. p. 373.

24 BARROSO, Luis Roberto. Interpretação e aplicação da Constituição. 7.ed. São Paulo: Saraiva, 2009. p.373

destaca haver mesmo a extinção da dicotomia Direito Público e Direito Privado.

Gustavo Tepedino[25] destaca com maior ênfase a nova concepção de plena integração da constituição com o Direito Privado, ao examinar manifestações do Supremo Tribunal Federal e esclarece que a eficácia da norma constitucional às relações particulares independe de previsão infraconstitucional, podendo o Texto Maior do Estado ser o bastante.

Isto porque, em um passado não muito distante, a separação entre direito público e privado era tão acentuada que o Supremo Tribunal Federal sequer ousava socorrer-se do texto constitucional para solucionar conflitos que lhe eram submetidos.

Na atualidade, experimenta-se o rompimento com uma atividade interpretativa calcada tão somente na subsunção, para não se dizer um positivismo legalista, pelo qual se poderia vislumbrar por incoerente a busca de solução de um conflito privado em normas cunhadas no texto Constitucional.

A partir desta fusão de disciplina de temática publica e privada, passa-se até a contemplar expressão "Direito Misto" [26]uma vez que se observam normas que regulam tópicos com raízes privadas e públicas.

Importa, a esta altura do estudo, pontuar a existência de um viés doutrinário que distingue publicização e constitucionalização, estabelecendo que aquela correspondesse a uma atuação legislativa infraconstitucional enquanto esta seria o manejo de submeter o direito positivo a fundamentos de validação constitucional.[27]

Neste sentido, contempla-se a publicização como uma tendência à concretização das relações privadas à luz do interesse coletivo, social, de forma que o Estado pelo órgão competente direcione a solução de um conflito em que se confrontem interesses dessas esferas.

A inserção de normas de direito privado expressas no texto constitucional, com validade ampla e irrestrita em todo território nacional reforça a compreensão de que o caráter cogente de seu posicionamento como constitucionalizado decorre de um inicial vislumbre de que existe um liame inerente a determinadas relações.

---

25 Normas constitucionais e relações privadas na experiência das cortes superiores brasileiras. Boletim Científico da Escola Superior do Ministério Público da União. Disponívelsems<http://boletimcientifico.escola.mpu.mp.br/boletins/bc-28-e-29/normas-constitucionais-e-relacoes-privadas-na-experiencia-das-cortes-superiores-brasileiras> Acesso em 02 jun 13.

26 PESSOA, Maiana Alves. O Direito civil constitucional. Disponível em: <http://www.juspodivm.com.br/novo/arquivos/artigos/civil/direito-civil-constitucional-maiana-alves.pdf> . Acesso em 02 jun 13.

27 Ibid.

Nota-se que se atam os ramos de direito público e privado dada a própria complexidade da relação indivíduo – sociedade, a qual não se vislumbra bem tutelada se regida por regramentos totalmente dissociados, como poderia sugerir a defesa pela exclusividade de tutela de matérias por códigos/diplomas distintos.

O entendimento do fortalecimento da publicização como um fator negativo, de limitação da liberdade individual não parece coadunar com a ideia de constitucionalização, eis que, conforme delineado anteriormente, tal processo pauta-se no atendimento de princípios e fundamentos nortes, como a dignidade da pessoa humana, na realidade pátria.

Gustavo Tepedino destaca que o Código Civil perdeu sua posição de Constituição do Direito Privado,[28] quando o texto constitucional passou a tutelar temas antes restritos à esfera privada, onde imperava a vontade do particular. E esse mover resultou na despatrimonialização do Código, uma vez que as temáticas de interesse coletivo passaram a ser tuteladas com maior ênfase.

A interferência das preconizações constitucionais na esfera civil não se limitou ao Código, mas a toda extensão legal infraconstitucional, que passa a se reger pela observância a tais nortes. Assim é que os microssistemas, tal como a Lei 10.402/2002, atentam-se, necessariamente, a ditames maiores, de forma que o sistema esteja em coesão tal que não resulte em conflito de Direito Público e Privado, mas a consecução dos fins a que concluiu a sociedade seja o melhor para seu desenvolvimento e alcance de suas finalidades.

A classificação doutrinária clássica dos direitos fundamentais considera a tripartição nas espécies de defesa, prestacionais e de participação.[29]

Os direitos de defesa são ditos como caracterizadores da prestação negativa do Estado, ditando as limitações ao poder, de forma que não seja o indivíduo/coletividade lesados na defesa de seus interesses.

Já os direitos prestacionais informam a necessária atuação do Estado em prol da concretização do direito, implica na efetiva entrega de uma prestação, a exemplo de saúde, educação, segurança.

Por fim, os direitos de participação conotam a interferência do indivíduo na vida social e política do Estado, de forma que seja ouvido e possa fazer diferença nas decisões que lhe afetarão.

---

[28] PESSOA, Maiana Alves. O Direito civil constitucional. Disponível em: <http://www.juspodivm.com.br/novo/arquivos/artigos/civil/direito-civil-constitucional-maiana-alves.pdf>. Acesso em 02 jun 13.

[29] ALVES, Paglione Cristiane. A eficácia horizontal dos direitos fundamentais. Ambito jurídico. Disponível em http://www.ambito-juridico.com.br/site/?n_link=revista_artigos_leitura&artigo_id=11648. Acesso em 25 jul 13.

Não é possível furtar-se ainda à clássica distinção dimensional dos direitos fundamentais, de acordo com o momento histórico em que eclodem e suas respectivas gerações.

Assim, torna-se possível falar em direitos de primeira geração ao considerar a prestação negativa do Estado, destacando-se direitos civis e políticos, dada a inquestionável origem nas revoluções liberais; os direitos de segunda geração denotam-se em sociais, econômicos e culturais e são afeitos à minimização da desigualdade material; em sede de terceira dimensão, ou geração, contemplam-se a fraternidade e solidariedade, externando-se um clamor social que se atenta às carências da coletividade; a quarta dimensão abarca direitos ligados à informação e pluralismo, íntimos da democracia; em quinta dimensão, tem-se os direitos conectados à esfera virtual, seara acerca da qual tem sido construídas teorias, dado seu caráter recente e ainda em fase de descoberta, sob alguns aspectos.[30]

O reconhecimento de que todos os direitos, considerado seu caráter fundamental, tem de forma pacífica a eficácia vertical não implica a lógica conclusão de que a aplicabilidade na relação privada ou público-privada se daria de forma pacífica. Por essa razão e neste trilhar, é que se desenvolveu a teoria da eficácia horizontal, a qual discorre exatamente acerca dessa possibilidade, dessa necessidade e implicação da concretização dessas prerrogativas quando da relação indivíduo/indivíduo ou indivíduo/Estado.

Pelas exposições até então traçadas, é possível concluir que o Direito constitucional exerce influência nos demais ramos de direito, de forma a embasar a atuação legislativa infraconstitucional, bem como influir o proceder do Estado Juiz ao solucionar conflitos ainda que a matéria seja de índole eminentemente privada. Esta realidade decorre do reconhecimento da necessária constitucionalização do direito, especialmente, do direito civil, de forma que princípios privados, como a evidente proeminência da propriedade são relativizados em atenção a outros como a dignidade da pessoa humana[31].

Essa conclusão conduz à melhor compreensão da inserção de determinadas temáticas no texto constitucional, competindo ainda frisar que se trata de um sistema que precisa caminhar de forma ordenada e coesa. Isso porque a inclusão no Texto constitucional pode não ser o bastante para a solução/atendimento dos interesses privados e sociais, pelo que se contempla, a partir do texto constitucional, a formação de microssistemas, acerca dos quais

---

[30] NUNES, Luiz Antônio Rizzardo. Curso de direito do consumidor. 2.ed.rev.mod e atual. São Paulo: Saraiva, 2005.

[31] FACHIN, Luiz Edson. Questões de direito civil contemporâneo. Rio de Janeiro: Renovar, 2006. p. 15.

se discorreu no presente estudo, ainda que de forma sucinta, pautando-se os mesmos em princípios constitucionais.

O direito do consumidor como fundamental implica na adoção de princípios que o regem em condição de concretizar tal caráter, intentando-se assim dizer que o sistema que contempla o regramento das relações de consumo não poderia posicionar-se de forma fragilizada, de modo a não ser capaz de sustentar a força que lhe injetou o texto constitucional, [32]sobremaneira quando se reflete sobre sua inequívoca relação com a economia.

2.2 PROTEÇÃO DO CONSUMIDOR COMO PRINCÍPIO DA ORDEM ECONÔMICA

À entrada em vigor da Lei 8.078/1990, tem-se o direcionamento de todos os olhares a um texto legal que assume a responsabilidade de regular as relações mercantes entre pessoas, com o fito de se promover de forma ampla, em obediência ao texto constitucional, a proteção do consumidor. Aqui, reitera-se o que fora dito nas anteriores laudas, cuidou o legislador constituinte de conferir proteção especial ao consumidor, não ao consumo, muito embora reste por protegido, ainda que por via reflexa, até pelo seu liame com as relações econômicas, conforme previsão do próprio artigo 170 do texto constitucional.

O artigo 170 da Constituição Federal prescreve um intento de realização da ordem econômica, cujo fundamento é a livre iniciativa. Neste aspecto, importa frisar que a atividade econômica no Brasil é conduzida, basicamente, pela iniciativa privada, dada a adoção do modelo capitalista bem como a colonização do trabalho, tendo por fim assegurar a todos a existência digna, conforme ditames da justiça social.

Nessa esteira é que se concebe que a atividade econômica nãos seja um fim em si mesmo, mas meio para que se alcance o verdadeiro objetivo que se traduz na dignidade da pessoa, por isso o desenvolvimento daquela ao mesmo tempo em que se baseia na livre iniciativa sofre atuação ou ingerência estatal na defesa do consumidor.

A esse respeito, discorre ainda Newton de Lucca[33], parafraseando Mauro Capelletti, no sentido de que uma

---

32 FERREIRA, Wolgran Junqueira. Comentários à Constituição de 1988. São Paulo: Julex, 1989. p. 957.

33 Direito do consumidor. Teoria geral da relação jurídica de consumo. 2.ed. São Paulo: Quartier Latin, 2008. p. 482.

"sábia política de proteção dos consumidores, longe de ser instrumento de distorção do mercado, constitui, com a política tendente a assegurar a livre concorrência, instrumento hoje, imprescindível para garantir a efetiva liberdade do mercado. Com efeito, uma sábia política de proteção dos consumidores tende a restabelecer o equilíbrio perdido, restituindo ao consumidor aquela efetiva capacidade de escolha que serve, precisamente, de guia e desestímulo para o produtor, assegurando, assim, no interesse comum, a eficiência da economia."

Bastasse a previsão de um direito no texto constitucional à sua concretização e não se falaria em tantos diplomas legais dispersos, em microssistemas legais, em interpretação sistemática de diversas fontes legais quanto a temas conexos. Competindo, contudo, ao legislador infraconstitucional agir, a rigor de previsão da própria Constituição, há que se fidelizar aos alicerces da Lei Maior.

Nesse sentido, Luis Roberto Barroso[34] assevera ser a interpretação constitucional uma atividade afeita aos três poderes, dos quais emana a presunção de constitucionalidade das regras infraconstitucionais, o que pode ser elidido por declaração jurisdicional em sentido contrário. A presunção em voga decorre da também presumível harmonia no ordenamento, que tem um alicerce comum, a Lei Maior.

A reflexão anterior é proposta a partir da constatação de que, tratando da temática do consumidor, a qual importa ao presente estudo, o sistema legal pauta-se em uma série de outros princípios que se denotam de força maior, a partir da necessária vinculação ao interesse primordial da defesa do consumidor. Assim é que, observado o caráter de lei que impera num contrato entre as partes, não subsiste o pacto diante da comprovação a violação da boa-fé. Ainda mais, não se furta em prol do interesse patrimonial exclusivo de um contratante, da função social que se confere ao mesmo.

Tais contraposições visam a demonstrar que não é o bastante que se insiram normas de cunho constitucional em relações privadas ou se elevem normas privadas ao patamar de constitucional. É preciso harmonizar o sistema, de forma que qualquer antinomia aparente seja combatida.

O Código de Defesa do Consumidor informa fundamentos e princípios que norteiam a celebração de negócios jurídicos no mercado de consumo sem que se fale, inicialmente, num conflito para que sejam aplicáveis.[35]

---

[34] BARROSO, Luis Roberto. Interpretação e aplicação da constituição. 7. Ed. São Paulo: Saraiva, 2009. p. 179 e 183.

[35] PODESTÁ, Fábio. Código de Defesa do consumidor comentado. São Paulo: Revista dos Tribunais, 2010.

Na realidade, o Código em comento tem amplos ares educativos, com evidente cunho preventivo de conflitos, os quais não impedem que os mesmos ocorram dada a dinamicidade das relações que hoje se concretizam, bem como a voracidade com que o mercado se desenvolve e se ativa.

Uma vez mais, abre-se parêntese, para considerar que estando o direito do consumidor inserido nos fundamentos das relações econômicas, não constitui a legislação que o regula em um conjunto de normas que afaste a viabilidade de contratação, pois, do contrário, inviabilizar-se-ia o desenvolvimento de tal ordem. Pelo contrário, as previsões do Código de Defesa do Consumidor constituem meios de regular o próprio mercado, a fim de que determinadas atividades lesivas praticadas pelo fornecedor não maculem o desenvolvimento sadio das relações de consumo.

Assim, o legislador infraconstitucional, ao ditar normas de relações de consumo, está a tratar de vínculos privados à luz de interesse constitucional[36], como o é a defesa do consumidor, ao que não se pode furtar, sob pena de violar uma série de outros princípios que circundam a Constituição da República.

A questão do microssistema porém, nem sempre se afigura como pacífico meio de solução, já que, por vezes, pode sugerir certo desacerto ou desconexão com a regra maior com base na qual se instituiu.

A título de exemplo, tem-se que o Código de Defesa do consumidor inspira interpretações diversas quanto ao conceito de consumidor, de forma que a situação torna-se mais delicada quando envolve nos dois polos pessoas jurídicas, uma destas na condição de adquirente. Surgindo a indagação da real condição de consumidora, invocam-se teorias minimalistas e maximalistas[37], as quais nem sempre guardam comunhão de entendimento entre o juízo singular e o colegiado.

Muito embora o texto possa sugerir certo legalismo, trata-se, na verdade, de um confronto da realidade do ordenamento jurídico pátrio, em que a questão do consumidor, tratando-se de norma de ordem constitucional não se constitui objeto de construções consuetudinárias, mas de árdua tarefa interpretativa que parte do texto constitucional e se foca, não se encerra, na Lei 8.078/1990.

Prosseguindo, tem-se que a prenunciada coerência do ordenamento jurídico à base da norma constitucional resta atestada pela constatação de que os princípios elencados pela Lei 8.078/1.990 guardam relação com normas e

36 PODESTÁ. Ibid.

37 DENSA, Roberta. Direito do consumidor. 7.ed. São Paulo: Atlas, 2011. p.11

princípios constitucionais, especialmente com aqueles que concernem à vida, saúde, segurança e ao próprio fundamento da dignidade da pessoa humana, vez que coíbe procedimentos capazes de alcançar o patamar de vexatórios.

O direito do consumidor encontra-se elencado no rol de direitos e garantias fundamentais individuais, mas, em muito se relaciona com as prerrogativas do artigo sexto do texto constitucional, os ditos direitos sociais, vez que demandam também uma atuação positiva do Estado em prol de sua concretização.

José Afonso da Silva traz aos direitos sociais o conceito de prestações positivas do Estado de forma direta ou indireta, todas elas enunciadas em normas constitucionais, de forma a conferir melhor condição de vida aos mais fracos, promovendo, assim, a minimização de desigualdades. Assim, são garantidores do exercício de direitos individuais, assegurando a concretização da igualdade real entre os indivíduos.[38]

Importa salientar, à luz do conteúdo conclamado pelas referidas normas[39], que os direitos sociais são também fundamentais, não só pela disposição do texto constitucional, mas também a partir da compreensão de sua gênese social.

De outro turno, Elias Kallas Filho[40] reputa os direitos fundamentais como essenciais, de forma que, à sua luz, não se contemplaria o desenvolvimento econômico a qualquer custo, pelo que se alcançam as chamadas "cláusulas transformadoras", que tem como objetivo concretizar a soberania popular, coibindo a prevalência dos interesses privados de um grupo dominante. As mencionadas cláusulas são programáticas e promovem uma estruturação teleológica do texto constitucional, traduzindo fins econômicos e sociais em jurídicos.

No aspecto atinente à caracterização dos direitos sociais, sendo os mesmos fundamentais, quanto à sua aplicabilidade imediata, propõe João Luiz M. Esteves[41] a reflexão concernente às exceções impostas pelo próprio texto constitucional, como ocorre com a proteção do consumidor que requer a necessária atuação legislativa para sua promoção, e assim ocorre.

Em linhas conclusivas, Newton De Lucca[42] não compreende como salutares as perspectivas do futuro do direito do consumidor no País, o que

---

38 Ibid. p. 286.

39 Artigo 6º a 11 da Constituição Federal de 1.988.

40 A constituição Econômica de 1.988: Fundamentos, funções e enunciado – síntese. In: Constitucionalismo e Democracia. Rio de Janeiro: Elsevier, 2012.p. 134.

41 Ibid.

42 A constituição Econômica de 1.988: Fundamentos, funções e enunciado – síntese. In: Constitucionalismo e Democracia. Rio de Janeiro: Elsevier, 2012. p. 470.

atribui a uma ausência de foco e coesão por parte dos consumidores na defesa de seus interesses, em face de uma bem articulada estrutura empresarial.

Tal exposição subsidia a necessária consciência de que o direito assentado na Constituição, embora tenha, na maioria das vezes, aplicabilidade imediata, não tem o mesmo aspecto de concretização, além de que o texto legal não seja o bastante para solucionar, amparar prerrogativas, se não se fizer aliado de métodos de efetivação.

As críticas não se encerram no campo teórico doutrinário, sendo certo que juristas comprometidos com o cotidiano pretoriano, como João Luiz M. Esteves[43] destacam trecho de sua obra a pontuar a ausência de coerência da realidade experimentada quando se trata da concretização dos direitos fundamentais no Brasil.

Para compreender a relevância desse processo, há que se considerar que o modelo capitalista, por natureza, importava na não consideração do destinatário final do comércio como um ente digno de proteção especial, eis que não reconhecido como parte da engrenagem principal do sistema.

Por esta razão é que não se contemplava qualquer despudor em se editar normas que buscassem salvaguardar tão somente as relações comerciais em si mesmas. Assim, não se vislumbra qualquer exagero em pontuar que tal realidade, sob o manto capitalista, reflete um cenário de exploração do consumidor.

Ao discorrer acerca da relação da Constituição com o consumidor, Luiz Antônio Rizzatto Nunes[44] adverte que sendo o regime pátrio capitalista, a existência da livre iniciativa é possível e inconteste, de forma que aquele que detém patrimônio tem o potencial de interessar-se pelo desenvolvimento de uma atividade. Eis o nascedouro do reconhecimento de uma superioridade do fornecedor, da qual não se cuidará no presente capítulo, mas não é possível furtar-se à menção.

A evolução do mercado, com o surgimento de novos métodos e modelos[45], bem como pelo afinamento cultural dos indivíduos majora também a possibilidade de que seja o consumidor enredado em lesões das quais não se poderia se defender se desprovido de mecanismos que pudessem lhe conferir uma igualdade com o fornecedor.[46]

---

43 Ibid. p. 137.

44 Curso de direito do consumidor. 2.ed. São Paulo: Saraiva, 2005.

45 Ibid. p. 3.

46 RODRIGUES, Geisa de Assis. A proteção ao consumidor como um direito fundamental. In: Revista de Direito do Consumidor 58. Ano 15 (abr-jun 2006). Editora Revista dos Tribunais. p. 77.

Por isso, torna-se ainda mais notória que a permanência de determinados tópicos da relação privada à distância da ordem constitucional poderia ser altamente pernicioso à manutenção da própria economia, cujas relações deixariam de ser lastreadas por princípios maiores como o da igualdade e da própria propriedade.

Nesse mesmo sentir é que se denota que questões de ampla relevância, a exemplo da saúde, segurança e liberdade estariam, sobremaneira, inarredavelmente, desamparadas, dada a inexistência de instrumentos conferidos ao indivíduo que se situa em um lado da balança que pende de forma irremediável[47]. A pertinência de tal assertiva reside na constatação de que a inexistência de instrumentos para exigência de qualidade importa na impossibilidade de seu controle, de forma que não subsistiriam meios de se aferir a prestabilidade do serviço prestado ou do produto comercializado.

Não se está a afirmar a insuficiência da ordem infraconstitucional, mas sim a destacar que, se determinados temas não forem erigidos às categorias na ordem legal que lhe sejam cabíveis e necessárias, em prol de sua eficácia, inócuo seria dispender longas laudas de textos legais com sua contemplação, eis que jamais alcançaria um dos tripés essenciais do direito, qual seja, a eficácia.[48]

Não é preciso que se assuma uma postura positivista extrema para concluir que na ordem social vigente no século XX, quando ainda se respirava os ares revolucionários, conceber um estabelecimento de diretrizes hábeis a consagrar a proteção de determinada categoria sem o referendo de um documento com validade legal, seria o mesmo que impor determinada doutrina sob o amparo da ocupação de um lugar de poder. E, quanto a isso, remanesciam na memória social somente recordações indesejáveis e determinantes às mudanças experimentadas.

Por essa razão é que o texto constitucional, reconhecidamente, tem o patamar de alocação de previsões essenciais à manutenção da ordem social, documentando direitos não criados, mas reconhecidos pelos próprios destinatários, aos quais se obrigam os gestores, o Estado. E, assim o sendo, por vezes, o que se restringe à previsão civilista carece de reconhecimento da ordem constitucional.[49]

---

[47] ESTEVES, João Luiz M. A constituição Econômica de 1.988: Fundamentos, funções e enunciado – síntese. In: Constitucionalismo e Democracia. Rio de Janeiro: Elsevier, 2012.p. 24

[48] FACHIN, Luiz Edson. Questões de direito civil brasileiro contemporâneo. Rio de Janeiro: Renovar, 2008. p. 16.

[49] José Afonso de Melo, na obra Curso de Direito Constitucional Positivo enuncia a Constituição como algo que tem, como forma, um complexo de normas (escritas ou costumeiras); como conteúdo, a conduta humana motivada pelas relações sociais (econômicas, políticas, religiosas, etc.), como fim,

Toda a reflexão doutrinária assentada no texto constitucional, acerca do direito do consumidor, levando em consideração a sua condição de fundamental e princípio da ordem econômica denota que a atividade econômica gera riqueza e atende a função social de distribuí-la. Por isso, comungam-se os nortes do artigo 5º da Constituição, num prisma individual, com o artigo 170, também do texto constitucional, quanto à economia sob um viés social.

Vale assinalar, entretanto, que a inclusão no texto constitucional não confere auto executoriedade, tanto que, quanto a diversos temas contemplados pela Constituição Federal de 1988, tem-se notícia da criação de microssistemas; a exemplo de tal assertiva, citam-se a criança e o adolescente, o consumidor e o idoso.

A relevância dos direitos fundamentais, em que se insere o direito do consumidor, conduz, por vezes, à criação de microssistemas, a exemplo do que se operou com o idoso, por meio da Lei 10.741/2003. Assim, contemplando-se esta categoria de indivíduos, vislumbra-se a possibilidade, senão questionamento, a cerca da pertinência do reconhecimento de outra categoria de consumidor, a do consumidor, tendo-se evidenciada a acentuação vulnerabilidade do indivíduo, quando imbuídos de ambas as condições.

a realização dos valores que apontam para o existir da comunidade; e, finalmente, como causa criadora e recriadora, o poder que emana do povo. Não pode ser compreendida e interpretada, se não tiver em mente essa estrutura, considerada como conexão de sentido, como é tudo aquilo que integra um conjunto de valores. p. 38.

3

A HIPERVULNERABILIDADE DO CONSUMIDOR IDOSO. PROTEÇÃO JURÍDICA AO CONSUMIDOR E AO CONSUMIDOR IDOSO

As exposições constantes das anteriores laudas são hábeis a demonstrar a posição conferida ao consumidor no ordenamento jurídico pátrio, de forma mais detida no capítulo antecedente, no plano constitucional. Conforme delineado acima, a condição do consumidor como sujeito de direitos em caráter fundamental, bem como a sua defesa como princípio da ordem econômica, expressa a promoção da defesa dos direitos sociais.

Tecidas tais considerações introdutórias, busca-se no presente capítulo a promoção de reflexões concernentes à situação do consumidor como destinatário de proteção especial, bem como a concretização dos nortes jurídicos no cotidiano experimentado pelo mesmo. Tal exposição assumirá, contudo, traços específicos quanto ao consumidor em determinada condição, a de idoso, o que impõe o estudo da realidade deste indivíduo sob o jaez social e jurídico.

3.1 O IDOSO SOB O ASPECTO BIOLÓGICO E SOCIAL

Alcançar uma terminologia que possa evidenciar a caracterização do idoso perpassa, necessariamente, pela verificação de critérios de cunho biológico, a partir do qual se alcançará uma definição de que o idoso seja aquele indivíduo que atinge uma fase da vida na qual se experimenta o declínio de capacidades e aptidões físicas, num aspecto mais amplo, envolvendo também a questão psicológica.1

Muito embora se observe certa relutância em se oferecer tal conceito meramente atrelado ao aspecto cronológico[2], fato é que a maior parte dos

---

1 Como vai o idoso brasileiro? Texto para discussão nº. 681. Instituto de pesquisa econômica aplicada. IPEA.

2 SANTOS, Silvana Sidney Costa. Gerontologia e os pressupostos de Edgar Morin. Disponível em <http://www.portaldoenvelhecimento.org.br/acervo/artieop/Geral/artigo15.htm> Acesso em 19 set 13.

instrumentos jurídicos de proteção assim o faz.[3] Neste caminhar lecionam Camilo Stangherlim Ferraresi e Maria Cláudia Maia[4]:

> [...] Observa-se que o critério utilizado para definição do idoso, em um primeiro momento é o cronológico, pois em decorrência da passagem dos anos, o ser humano, em consequência natural, tem sua saúde debilitada e muitas vezes passa a necessitar de cuidados e atenção especiais.
>
> Cleuton Buraachi Silva (2006, p. 49), trazendo lição de Simone de Beauvoir, explica que somente o critério cronológico não é suficiente, pois "entende o envelhecimento como um fato que transcende ao fato temporal, ou seja, depende de outras circunstâncias, como a questão biológica, genética, psicológica, social e até mesmo comportamental."

Jerônimo Geraldo de Queiroz[5] reforça que o aspecto biológico do envelhecimento é traçado pela diminuição de água e oxigênio no organismo, declínio do sistema de estímulos bem com dos órgãos e controle do organismo, com consequente redução da substância cinzenta do cérebro e da medula.

> E a consequência disso é a redução do consumo de oxigênio, redução do sangue bombeado pelo coração, redução da expulsão de ar dos pulmões e o acúmulo de proteínas deficientes deteriorando a capacidade fisiológica das células, enfraquecimento da capacidade dos sentidos, memória, inteligência, vontade, atenção, afetividade, percepção, pensamento, consciência, sono e linguagem, obrigando-o a um esforço enorme e constante de adaptação ao meio físico, familiar, profissional e social.

Tal processo é algo gradativo, que se inicia com o próprio nascimento, contudo, ao alcançar determinada idade, o indivíduo passa a suportar os efeitos da degradação física, com a diminuição ou perda de determinadas capacidades físicas e mentais. Importa considerar que esta fase, traçada pela alteração do estado físico, pode ser caracterizada pelo declínio da capacidade funcional do organismo.

Na busca pela delimitação desse conceito, Pérola Melissa Viana Braga[6], assevera que o envelhecer deva ser considerado um processo individual e subjetivo, com características próprias a cada indivíduo, que tem, de acordo com nuances pessoais, um tempo próprio para se sentir velho.

---

3 Estatuto do Idoso, Política nacional do idoso, Organização Mundial da Saúde.

4 Políticas Públicas para a inclusão do idoso. LEX- Jurisprudência do Superior Tribunal de Justiça e Tribunais Regionais Federais. LEX Editora. Ano 22, nº. 247. Março de 2010.

5 Direitos do idoso. Revista da Faculdade de Direito da UFG. Homenagem a Aristoclides Teixeira. V. 9. P. 1-153. Jan/dez 1995.

6 BRAGA, Perola Melissa Viana. Curso de direito do idoso. São Paulo: Atlas, 2011.p.3.

Ainda neste rumo conceitual, serve-se da lição de Norberto Bobbio que traça três perspectivas de envelhecimento, a saber: cronológica (decorre de formalidade, em que um patamar estabelece a condição de velhice, à independência de particularidades do indivíduo), burocrática (observada para o alcance de benefícios) e psicológica ou subjetiva (individual, decorrente da percepção de cada indivíduo).

Os fatores acima expostos podem ser responsáveis pelo equívoco de se interpretar o envelhecimento como sinônimo de enfermidades. Certamente, em tal condição, pela fragilização do organismo, pode o indivíduo se sujeitar, com maior facilidade, a contrair moléstias, contudo, o avanço de idade, em si, não se traduz em doença.

Marco Antônio Vilas Boas[7] traz a etimologia da palavra idoso, remontando à origem latina do substantivo *aetas, aetatis*, que corresponde à idade ou espaço de tempo, sendo idoso vocábulo de dois componentes, sendo que o sufixo "oso" denota a abundância do radical idade, pelo que pode se traduzir em abundante idade.

O critério em comento trata de um dos aspectos do envelhecimento, a questão etária; contudo, importa também ao presente estudo, a abordagem de outras questões que tocam aos caracteres físicos, psicológicos e sociais de tal indivíduo. Impõe-se, neste aspecto, informar que determinados estudos foram dedicados à questão, depreendendo-se um processo de mudança do homem que lhe imponha o reconhecimento do alcance da velhice[8].

O processo de envelhecimento varia de acordo com a cultura e sociedade em que vive o indivíduo, dependendo da época em que a pessoa vive e dos fatores que a circunda. Concebe-se pela visão histórica da conceituação do idoso que um dos aspectos para tal conceituação seja o encerramento de suas atividades econômicas, dividindo assim a vida em três fases, duas fases de dependência econômica, quais sejam, infância e velhice, e uma fase produtiva.[9]

Essa concepção, no entanto, não parece a mais adequada, diante da constatação de que muitos idosos sejam responsáveis pelo orçamento familiar. De acordo com dados da Pesquisa Nacional por Amostragem de Domicílios, realizada pelo Instituto Brasileiro de Geografia e Estatística – IBGE, em

---

7 Estatuto do idoso comentado.3.ed. Rio de Janeiro: Forense, 2011. P. 1.

8 BRAGA, Pérola Melissa Vianna. Curso de direito do idoso. São Paulo: Atlas, 2011. P. 1.

9 SOUSA, Ana Maria Viola de. Tutela jur´[idica do idoso: a assistência e a convivência familiar. Campinas: Alínea, 2004. P. 23

2001, 5,88% das famílias brasileiras eram chefiadas por idosos, responsáveis pelo orçamento familiar, em 2009 este número cresceu para 7,33%.[10]

Conforme se aponta na obra Estatuto do Idoso Comentado, sob organização de Naide Maria Pinheiro,[11] o critério cronológico afigura-se como o mais objetivo, dada a mais ampla capacidade de comprovação.

Lado outro, assevera-se que tal juízo pode não ser o mais justo num país como o Brasil, onde é possível encontrar as diversas realidades socioeconômicas que se contrastam pelas diversas regiões. A título ilustrativo, menciona-se o sertão nordestino[12], onde se encontram indivíduos que suportam envelhecimento precoce em razão de miserabilidade e condições de trabalho.

A despeito da assertiva em epígrafe, importa salientar que, de toda forma, há que se admitir a ocorrência fisiológica e biológica comum aos indivíduos identificados como idosos que os sujeite a determinadas percepções do espaço de forma peculiar, sendo que, em determinados aspectos, tal quadro os expõe a riscos à sua integridade física ou psicológica.

Irrefutável é a constatação de que a maioria deles vivencia tal etapa da vida com traços de diminuição da capacidade mental, experimentando a redução do ritmo de raciocínio, fazendo-se necessário que se forneçam maiores subsídios para a interpretação, bem como maior espaço de tempo para que o faça.[13]

Por essa razão, prescinde de maiores delongas a conclusão de que, via de regra, eles estejam, em razão das alterações biológicas e fisiológicas, expostos a riscos de atos ardis. Os conceitos buscados pelos estudiosos acerca da condição de idoso não se limitam aos aspectos biológicos, mas tratam também de questões sociais implicadas e implicadoras do fenômeno do envelhecimento.

Situá-lo na sociedade requer rememorar, ainda que de forma breve, os aspectos do reconhecimento de sua presença no seio social, o que, segundo Ana Maria Viola de Souza[14], remonta às modificações econômico-sociais experimentadas no mundo, tendo em conta que, com a Revolução Industrial, deflagrara-se a segregação desse indivíduo. Isto porque, numa sociedade

---

10 Disponívelsemshttp://censo2010.ibge.gov.br/noticiascenso?view=noticia&id=1&idnoticia=1866&t=primeiros-resultados-definitivos-censo-2010-populacao-brasil-190-755-799-pessoas. Acesso em 22 ago. 13.

11 Estatuto do idoso comentado. Campinas: LNZ, 2006.

12 PÁDUA, Andreia Aparecida da Silva. Políticas públicas de previdência e assistência social ao idoso. Revista de Previdência social. Ano XXX, nº. 311, Out. 2006.

13 Pinheiro. Ibid. p. 137.

14 SOUSA, Ana Maria Viola de. Tutela jurídica do idoso. A assistência e a convivência familiar. Campinas: Alínea, 2004. P. 166.

plenamente ativa, industrializada, acentuados restavam o declínio biológico e a constatação de que aquele que não produz, já não mais interessa.

Em resposta a essa rejeição social, dada a não produtividade, o idoso consome, acumula para si bens que possam protegê-lo de sua desvalorização enquanto pessoa, já que apartado do processo de produção.

Outro prejuízo suportado por ele, diz respeito à desvalorização de sua mão de obra, pois, reputando-se menos produtivo, recebe contraprestação inferior aos demais trabalhadores e, por vezes, submete-se ao labor em condições prejudiciais à sua saúde, sem a devida atenção ao seu estado de maior fragilidade.

Tais imputações refletem, por vezes, a má concepção desse estágio da vida, transformando-o em sinônimo de moléstia, afigurando- o como um problema social e não mais como um membro que, como qualquer outro, dota-se de necessidades específicas. Essa acepção pejorativa é causa do enaltecimento de preconceitos.

> As instituições sociais, empresas e meios de comunicação de nossa sociedade, embora sejam marcadas por diversos estereótipos, com relação ao idoso, apesar das crescentes iniciativas procurando desmitificar preconceitos, ainda marginalizam e fragilizam os idosos, na medida em que o envelhecimento acarreta a menor mobilidade, maior fadiga, menor rapidez, dificuldades de memorização, lentidão dos processos de pensamento, entre outros. (SOUSA, 2004. p. 168).

A igualdade apregoada pela Constituição Federal não impede que ele se depare com barreiras ao pleno exercício de seus direitos na sociedade, a exemplo da alocação no mercado de trabalho e ao franco acesso ao consumo, nem sempre diligente ao dever de informação em consonância com os seus interesses e de forma que lhe seja plenamente compreensível.

Outro aspecto de exclusão social do idoso diz respeito à educação, dadas as peculiaridades de seu processo de aprendizagem que encontra nuances traçadas pelas alterações biológicas, bem como os interesses que o motivam, pois podem ter intentos bem distintos dos mais jovens, o que não lhes tolhe o direito de buscar o conhecimento.

Neste sentido, tem-se concebido, na atualidade, a Universidade para Terceira Idade, a qual desenvolve um processo educacional voltado para as características específicas do aprendizado da pessoa idosa, em trabalho que visa, dentre outros objetivos, a recuperação da auto-estima destes indivíduos.[15]

---

[15] SOUSA, Ana Maria Viola de. Tutela jurídica do idoso. A assistência e a convivência familiar. Campinas: Alínea, 2004. p. 169.

Há ainda uma consideração que se julga pertinente quanto à questão do idoso na sociedade, a qual diz respeito à sua alocação na família, vez que esta, nos moldes da prefalada dicção constitucional, também guarda dever de zelo pelo mesmo.

> As leis de proteção e amparo aos idosos somente terão eficácia com a conscientização e a normatização, condicionando a família a assumir seu novo papel. Pelas atuais mudanças de concepção familiar, seu atual papel ainda está difuso, e o paradigma familiar que emergiu das transformações está infenso a ser conformado integralmente a modelos legais. Cumpre ao Direito captar suas múltiplas dimensões em constante mutação sendo necessário compreendê-las sob o prisma da interdisciplinaridade, resgatando a característica familiar que é a afetividade.[16] (SOUSA, 2004, p. 173)

Esta abordagem se faz necessária, ainda que de modo tão sucinto, tendo em conta que o idoso, por vezes, pode sofrer a primeira e maior exclusão dentro de sua própria casa e entre os seus familiares.

3.2 PROTEÇÃO JURÍDICA AO IDOSO

Conforme o estágio temporal, a velhice pode incitar naquele em que nele se encontra uma auto desvalorização, com base na ideia de não produtividade, pela qual são desprestigiados seus próprios direitos. A mesma consciência ou senso pode dar causa à exclusão social do idoso.

Na história, contudo, nem sempre ele foi considerado como uma figura merecedora de uma identificação diferenciada, até que se passou a preocupar com a necessidade de pessoas ativas na sociedade em prol da produção de riquezas[17]. Ocorre que com a adoção de medidas em prol da redução da mortalidade infantil, alcançou-se, também, um aumento na população de maioridade, inclusive dos idosos.

Assim, a sociedade defrontou-se com um problema gerado por ausência de supedâneo para que lidasse com essa população que traz traços característicos, com a necessidade de atenção mais acentuada em determinadas áreas, a exemplo da saúde e da assistência social.

No Brasil, tem-se o aumento da população idosa, contudo, dito de forma artificial, já que não decorreu do desenvolvimento de políticas voltadas a tal

---

[16] Ibid. p. 173.

[17] RAMOS, Paulo Roberto Barbosa. A velhice na Constituição. Sequência: revista do curso de pós-graduação em direito da UFSC. Florianópolis. v.21. n. 38. P. 85-105. Jul. 1999. P. 87.

fim, mas na verdade, da redução do percentual de nascimentos, como consequência do maior acesso da população feminina a métodos contraceptivos.

Conforme delineia Paulo Roberto Barbosa Ramos[18], os países desenvolvidos foram mais capazes de lidar com o quadro de crescimento da população idosa, o que não ocorreu em países pobres como o Brasil, que não se mostrou diligente em ofertar respostas eficazes às demandas destes indivíduos. Por força disso é que a velhice no Brasil é também enfrentada como um problema social, já que emana de uma circunstância não programada.

Se, inicialmente, concebia-se a idade madura somente como uma problemática, a inserção desta temática em rol de direitos fundamentais nos textos constitucionais conferiu-lhe outra exterioridade, isto, inclusive, a teor da previsão do artigo XXV da Declaração Universal de Direitos Humanos[19].

Conforme dispõe Paulo Roberto Barbosa Ramos, na atualidade, doze países contemplam previsões de proteção ao direito do idoso, arrolando-se estes: Brasil, China, Cuba, Espanha, Guiné Bissau, Itália, México, Peru, Portugal, Suíça, Uruguai e Venezuela, aos quais se somam Eslovênia, Finlândia, Malta, Hungria, Grécia, Lituânia, África do Sul, Moçambique, Congo. Frise-se que, mais recentemente, no ano de 2010, a Constituição da Angola, em seu artigo 82, traz o Direito do Idoso com redação idêntica a que se promove na Constituição portuguesa.

Acerca da efetividade das previsões constitucionais em prol dos idosos nos países supracitados, aponta o autor que a América Latina, em sua maioria, constituem-se as normas em letras mortas, eis que não implementadas.

As Constituições brasileiras de vigência anterior a 1988 não trouxeram previsões específicas em prol dos direitos do idoso, os quais, em algumas oportunidades foram alcançados por via reflexa, a exemplo de normas que abordavam a questão da aposentadoria, no texto de 1.934[20].

Nessa esteira, a atual abordagem da velhice reforça o atributo de constituição cidadã que se conferiu à Carta de 1988, na qual se denotou o relevante acerto do constituinte ao reconhecê-lo como direito fundamental, o que se reconhece pelo direito à vida e se observa, de forma imediata, pela leitura do

---

18 Ibid. p. 88.

19 "1. Toda pessoa tem direito a um padrão de vida capaz de assegurar a si e a sua família saúde e bem estar, inclusive alimentação, vestuário, habitação, cuidados médicos e os serviços sociais indispensáveis, e direito à segurança em caso de desemprego, doença, invalidez, viuvez, velhice ou outros casos de perda dos meios de subsistência fora de seu controle."

20 Disponível em < http://www.planalto.gov.br/ccivil_03/Constituicao/Constitui%C3%A7ao34.htm> Acesso em 25 ago 13.

artigo 3º, inciso III que estabelece como objetivo fundamental da República o bem de todos, sem preconceito de idade.

Retornando, por um instante ao plano mundial, tem-se que em 1991 a Organização das Nações Unidas (ONU) adotou uma Carta de Princípios para as pessoas idosas, e, o ano de 1.999 foi intitulado como o Ano Internacional do Idoso, sendo que em 2002 deflagrou-se o Segundo Plano de Ação de Madri para o envelhecimento.

Tais mecanismos denotam a concepção da Organização das Nações Unidas no sentido de que toda e qualquer política destinada ao idoso no mundo deve contemplar as seguintes palavras: independência, participação, cuidado, possibilidade de autossatisfação e de que sejam agregados a novos papéis e significados para a vida na idade avançada.[21]

O estudo realizado por Elisabeth Mariucci conclui-se com o entendimento de que, a despeito de toda previsão legal existente e vigente acerca dos direitos do idoso, faltam ao Estado mecanismos para efetivação deles, especialmente, no que toca ao acesso ao judiciário, o que arremata como consequência de todas as fragilidades a que está disposto o indivíduo nas demais searas de sua vida.

Não apenas no plano legal, mas também por providências do Executivo, a proteção do direito do idoso, mesmo que de forma tímida, tem sido buscada no plano Nacional. No ano de 2009, foi criada a Coordenação Geral dos Direitos do Idoso, a qual se subordina ao Departamento de Promoção dos Direitos Humanos, da secretaria de Direitos Humanos da Presidência da República. Além deste mecanismo, o idoso passou a ser parte do Terceiro Plano Nacional de Direitos Humanos, no mesmo ano, este responsável pela valorização da pessoa idosa e promoção de sua inclusão social.

No ano de 2010, foi instituído o Fundo Nacional do Idoso, o qual tem íntima relação, senão decorrência da Política Nacional do Idoso, tendo ainda como objetivo o financiamento de programas e ações relativas a ele, a fim de que sejam assegurados seus direitos sociais, bem como sejam criadas condições para promoção de sua autonomia, integração e participação, de forma efetiva, na sociedade.

Maria Helena de Aguiar Notari[22] critica o sistema mundial de proteção ao idoso, apontando como possível solução para o problema da inexistência

---

[21] LOPES, Elisabete Mariucci Lopes. A inclusão jurídica e social do idoso. Revista forense. V. 415. Ano 108. Jan/jun 2012. P. 91-110. p. 92.

[22] NOTARI, Maria Helena de; FRAGOSO, Maria Helena J.M. de Macedo. A inserção do Brasil na política internacional de direitos humanos da pessoa idosa. Revista Direito GV. São Paulo v. 7. N. 13. P. 259-76. Jan/jun. 2011. P. 266.

de uma visão e atuação global em prol do tema, a criação de uma Convenção Internacional de Direitos Humanos para as Pessoas Idosas. Ao ver da autora, a Convenção seria hábil em coibir discriminações institucionais com base na identidade do indivíduo, pois seria essa a principal causa do impedimento do desenvolvimento pleno do idoso na sociedade.

Ainda mais, a partir da Convenção, os Estados membros teriam norte para disposições legais mais igualitárias, já que existiram parâmetros internacionais para tanto. Arremata Maria Helena Aguiar Notari com o entendimento de que o instrumento sugerido teria o condão de encorajar o diálogo entre os Estados, sociedade civil, Organizações não Governamentais (ONGs), setor privado e pessoas idosas.

Pontua-se que o tema já é objeto de discussão nas Nações Unidas, contudo, ainda não existe consenso quanto à criação da Convenção. Nesse aspecto, o Brasil posiciona-se pela necessidade da realização de um estudo prévio que aponte a realidade dos idosos num plano nacional e regional.

Abrindo-se um parêntese para a abordagem da matéria no plano internacional, frisa-se que o Mercosul externa preocupação ao, em 2009, criar um grupo de trabalho da pessoa idosa nas discussões de Altas Autoridades em Direitos Humanos do Mercosul e países associados (RAADH). Uma vez que o grupo realiza encontros semestrais, tem-se a oportunidade de promoção de reflexões periódicas.

Anteriormente, no ano de 2007, durante a II Conferência Regional Intergovernamental sobre envelhecimento na América Latina e no Caribe, foi adotada a Declaração de Brasília, um forte documento em prol dos idosos. Esta estampa em seu preâmbulo o propósito de identificar as prioridades futuras de aplicação da estratégia regional de implementação para a América Latina e o Caribe do Plano de Ação Internacional de Madri sobre o Envelhecimento, responder às oportunidades e aos desafios que o envelhecimento da população suscitar nas próximas décadas e promover uma sociedade para todas as idades. Nos anos seguintes, até 2009, foram realizadas reuniões em sequência à adoção da Declaração de Brasília, a fim de que se promovesse o aperfeiçoamento do documento, com vistas a tornar mais prática e eficiente a consecução de seus fins.

Um dos pontos que se apresenta como mais merecedores de apreço quando do estudo a referida temática, como alvo de proteção jurídica, é o entendimento de que o critério temporal apontado em lei como marco da condição de idoso não é limitação para aquisição e exercício de direitos, mas sim critério para estabelecer benefícios, conforme leciona Lidya Neves Bastos Telles Nunes.[23]

23 Breves considerações sobre o Estatuto do Idoso. Revista do Instituto de Pesquisas e Estudos. Bauru. N. 41p. 477-85. Set/dez. 2004. p. 479.

A mesma autora externa a compreensão de que a fase da vida em que se encontra o indivíduo, por si só, não pode ser o único critério para que se analise o atendimento especial a ele, sendo importante que sejam consideradas outras circunstâncias, a saber, a capacidade intelectiva e volitiva, no caso do idoso. Assim, tem-se que para a autora, necessário é que se verifique a capacidade de a pessoa fazer escolhas e de se comportar com relação às situações que toquem às situações abstratas alvo de proteção jurídica.

O entendimento acima ganha reforço pela interpretação conferida ao artigo 230 da Constituição Federal, Celso Ribeiro Bastos e Ives Granda da Silva Martins compreendem que a norma do aludido dispositivo não contemplara todos os idosos, de forma irrestrita, mas sim àqueles que não têm condição de auto-sustentação, a exemplo da dependência experimentada pela criança na primeira infância ou pelo adolescente que ainda não desenvolva atividade laboral, o que justifica a imposição de responsabilidade à família e sociedade pelo seu bem estar.

À míngua desta limitação, poderia ser até mesmo invasiva a aplicação de mecanismos criados em defesa da condição do idoso, a exemplo do que se vislumbra com a norma do artigo 1641, inciso II, do Código Civil, que prescreve o regime de separação de bens como obrigatório no casamento de pessoa maior de sessenta anos. Aqui é que se contempla, por exemplo, a existência da súmula 377 do Supremo Tribunal Federal, cujo entendimento enunciado é pela comunicação dos bens adquiridos na constância do casamento.

Maria Berenice Dias também filia-se a tal entendimento[24]. Para a professora sexo ou idade não podem ser equivocadamente considerados como indicativos naturais da incapacidade civil, de forma que a previsão legal traduz uma discriminatória subtração do direito do indivíduo em exercer sua capacidade de escolha do regime de bens que melhor possa lhe apresentar. Nesse passo, salutar é aqui reproduzir o arremate do seu entendimento:

> A limitação, além de odiosa, é inconstitucional, pois, ao se falar no estado da pessoa, toda cautela é pouca. A plena capacidade é adquirida quando do implemento da maioridade e só pode ser afastada em situações extremas e por meio de processo judicial de interdição, que dispõe de rito especial.

Contudo, mesmo diante de tais reflexões, inarredável, a conclusão de que a condição de idoso inspira maiores cuidados para com o indivíduo, no intuito de que não se estimule uma sobrevivência, em vez de vivência, num

---

[24] NUNES, Lydia Neves Bastos Telles. Ibid. 483.

cenário em que nada mais anseie o homem do que a morte como solução aos dias que lhe restam.

O seu reconhecimento como sujeito merecedor de respeito e tratamento especializado reforça sua importância no plano social e a supremacia dos direitos assentados na Constituição, a exemplo da vida e da dignidade da pessoa humana, os quais não podem ser suprimidos ou minorados.

A Constituição Federal, primando pelo tratamento isonômico dos indivíduos, não contempla privilégios em prol de determinados nichos da sociedade de forma irrestrita, mas, como é comum num sistema organizado e de bases constitucionais, promove a proteção de grupos dotados de determinadas carências, especificamente, com o objetivo de igualá-los aos demais membros da sociedade.

Não somente, entretanto, a constatação de uma precariedade é o norte da proteção constitucional, mas também a importância que se tenha para a sociedade do tema alvo. Assim, a título de ilustração, tem o manto constitucional a família, o trabalho, e, em outros aspectos, indivíduos em determinadas condições, como o idoso.[25]

Tais considerações têm relevância, ao considerar-se que a abordagem da proteção ao idoso sob nuances não abrangidas de forma específica pelo Código são possíveis, considerando que o Estatuto seja o mais expressivo diploma de tutela desses indivíduos, de modo específico, e seja o mesmo, de certo modo, recente, jovem, se assim considerar que o próprio texto constitucional o seja. Neste momento, importa reproduzir os dispositivos constitucionais que cuidam dos interesses do idoso:

> **Artigo 3º, inciso IV** – "Constituem objetivos fundamentais da República Federativa do Brasil: IV promover o bem de todos, sem preconceitos de origem, raça, sexo, cor, **idade** e quaisquer outras formas de discriminação".
>
> **Artigo 5º, inciso XLVIII** – "Todos são iguais perante a lei, sem distinção de qualquer natureza, garantindo-se aos brasileiros e aos estrangeiros residentes no País a inviolabilidade do direito à vida, à liberdade, à igualdade, à segurança e à propriedade, nos termos seguintes: XLVIII – a pena será cumprida em estabelecimentos distintos, de acordo com a natureza do delito, a **idade** e o sexo do apenado".
>
> **Artigo 134** – Apoio da Defensoria Pública para os idosos carentes.
>
> **Artigo 153, § 2º, I** – Preocupação com os idosos fragilizados economicamente com isenção do imposto sobre a renda percebida.

---

[25] Artigo 226 e seguintes da Constituição Federal.

Artigo 201 – Direito a aposentadoria. "A previdência social será organizada sob a forma de regime geral, de caráter contributivo e de filiação obrigatória, observados critérios que preservem o equilíbrio financeiro e atuaria"

Artigo 203, inciso V – Criação do BPC – Benefício da Prestação Continuada – O artigo dispõe sobre a assistência do Estado para com o idoso. É assegurado o direito a um salário mínimo de benefício mensal ao idoso "que comprove não possuir meios de prover à própria manutenção ou de tê-la provida por sua família".

Artigo 204 – Prestação de Assistência Social.

Artigo 226, § 8º – O papel da família na proteção constitucional ao idoso. "O Estado assegurará a assistência à família na pessoa de cada um dos que a integram, criando mecanismos para coibir a violência no âmbito de suas relações".

Artigo 230, § 1º – Os programas de amparo aos idosos deverão ser executados preferencialmente em seus lares. O artigo 230 da Constituição da República garante a proteção do idoso assegurando "a sua participação na comunidade, defendendo sua dignidade e bem estar e garantindo-lhes o direito à vida".

Artigo 230, § 2º – Transporte urbano gratuito para pessoas com mais de 65 anos de idade.

De tais exposições já se externa que a Constituição reconhece o idoso como merecedor de atenção diferenciada, e assim contempla mecanismos de atendimento às suas necessidades.

A edição de textos legais infraconstitucionais que assegurem ao idoso o acesso a direitos amplos e fundamentais não consubstanciam privilégios, pois estes situariam em patamar superior ao remanescente da população, mas apenas traduzem-se em elos com a efetividade que antes lhes foi creditada.

As principais dificuldades suportadas por ele no País se relacionam à saúde, convivência familiar, dignidade do trabalho, subsistência por carência de recursos materiais, além da sua vulnerabilidade no mercado de consumo. O rol em comento pode ser enriquecido pelo acesso ao Judiciário. Paralelamente a tal exposição crítica, pontua-se o progresso legislativo em prol da efetividade dos direitos, a exemplo das leis 8.842/1994, 9.059/1995, 10.173/2001 e 10.741/2003, dentre outras.[26]

---

[26] BARROSO, Celeste Taques Bittencourt. O idoso no direito positivo brasileiro: legislação federal, estadual e municipal. Brasília: Ministério da Justiça, Secretaria de Estado dos Direitos Humanos, 2001.

Traçando a abordagem temática sob a égide da Constituição Federal promulgada em 1988, destaca-se que esta procurou assegurar os direitos e deveres fundamentais a todos os seres humanos. Em seu artigo 1º, inciso III, frisa o princípio da dignidade humana (base para consolidação do Estado Democrático de Direito).

Somam-se aos elementos já fornecidos pelo texto constitucional, subsídios emanados da legislação ordinária, tal como se denota pela lei 8.742 de 07 de dezembro de 1993 (LOAS) – Lei Orgânica da Assistência Social, a qual regulamentou os artigos 203 e 204 da Constituição Federal, pelo Benefício da Prestação Continuada – BPC. Trata-se de Benefício assistencial que garante 01(um) salário mínimo mensal às pessoas com 65 anos ou mais e às com deficiência que comprovem renda per capita familiar inferior a ¼ (um quarto) do salário mínimo. Criada em 1988, essa lei teve regulação tardia (1993) e foi parcialmente implementada em 1996. Importante observar que benefícios da mesma natureza já se apresentavam na França desde 1940, na Alemanha e Holanda desde 1960 e na Bélgica desde 1970.

O ordenamento jurídico pátrio contempla mecanismos legais de proteção ao idoso, quadro do qual pode emanar a indagação da justificativa de tal tratamento, que seria a plausibilidade jurídica do direcionamento de proteção tão específica em prol destes indivíduos. Frise-se que o cuidado com eles não se deve se concretiza de forma exclusiva à luz de textos legais.

A legislação material, por meio do Código Civil vigente externa determinado cuidado com o idoso a estabelecer que a partir dos setenta anos de idade, o regime de separação de bens, obrigatoriamente deve ser adotado, conforme já o fazia o diploma de 1.916[27]. Na esfera penal, [28]observa-se a estipulação de marco etário de setenta anos também para fins de aplicação de pena de acordo com as previsões processuais.

A Lei 10.741/2003, que institui o Estatuto do Idoso, conceitua tal pessoa como aquela que conta com idade igual ou superior a sessenta anos, ampliando a definição da Política Nacional do Idoso, Lei 8.842/1994 que assim considerava o indivíduo com idade superior a sessenta anos, somente. De outro turno, a Organização Mundial de Saúde (OMS) [29]estabelece que a referida definição esteja atrelada a aspecto de desenvolvimento social, de forma que nos países desenvolvidos a condição de idoso é alcançada aos sessenta e cinco anos e nos países em desenvolvimento, aos sessenta anos.

27 Artigo 1.641, inciso II.

28 Artigo 77.

29 Conforme informações lançadas no sítio da Organização no Brasil. http://www.paho.org/bra/ Acesso em 23 ago 13.

Conforme considerado nas anteriores laudas, o envelhecimento pode assumir caracteres distintos de acordo com o meio social em que se vive. Ocorre que em universos ainda mais restritos é possível apontar diferenciações, eis que fatores hábeis a influenciar o cerne biológico do indivíduo também devem ser considerados, inclusive, em razão da possível submissão a um estado de senilidade.

O ordenamento jurídico cuida de estabelecer mecanismos de proteção ao idoso, considerando os aspectos de fragilidade comuns a tais indivíduos, sem que se estabeleçam condições de tal imparidade que possam exigir o alcance de mecanismo demasiadamente específico a tutelá-lo.

Assim é que, ao se considerar o Estatuto do Idoso, verifica-se um microssistema atento às necessidades mais peculiares ao indivíduo com idade igual ou superior a sessenta anos, de forma a se alcançar, tanto quanto possível, sua maior inclusão social em plena qualidade de vida.

Retomando as reflexões propostas pelo Estatuto do idoso, encontram-se estampadas, no mesmo, medidas de proteção ao indivíduo de idade igual ou superior a sessenta anos, sendo que a partir de tais disposições é possível denotar, com maior clareza, os entes responsáveis por sua proteção.

Tais normas visam estabelecer medidas a serem adotadas quando das ameaças ou da efetiva violação a direito do idoso, que podem ocorrer por meio de ação ou omissão da sociedade ou do Estado, por falta, omissão ou abuso da família, curador ou entidade de atendimento, em razão de condição pessoal, conforme prescrito pelo artigo 43 do referido texto de lei.

3.3 O ESTATUTO DO IDOSO

Sem que se assuma um posicionamento positivista na abordagem da temática, é inevitável o reconhecimento de que o Estatuto do Idoso seja o principal informativo da proteção dos direitos desse indivíduo, no ordenamento jurídico pátrio vigente. Assim, relevante que se discorra, ainda que sucintamente, acerca de sua estrutura.

A Lei 10.741/2003 tem um caráter preventivo e repressivo quanto a possíveis violações ao direito do idoso, de forma que sua estrutura contempla a reafirmação de direitos, e assim se assevera, tendo em vista a previsão deles em sede constitucional, além de elencar medidas específicas com vistas a assegurar a consecução de seus fins.

Dessa forma, tem-se a estruturação de tal diploma de forma a estampar, inicialmente, a identificação do idoso e a proteção almejada pelo dispositivo de lei em questão, além da ratificação de direitos fundamentais, destacando-se a vida, liberdade, respeito e dignidade, saúde, alimentos, educação, cultura, esporte, lazer, profissionalização e trabalho, previdência social, assistência social, habitação e transporte.

Com relação à reafirmação dos direitos fundamentais, no Estatuto do idoso comentado, sob organização de Naide Marinho Pinheiro,[30] tem-se reflexão acerca de tal promoção, no sentido de que ele não faça nada mais que ratificar o que já está consagrado em nível nacional ou internacional, dado o flagrante desrespeito aos mesmos, experimentados no cotidiano dos idosos.

Prosseguindo, encontram-se as medidas de proteção a eles dispensadas, a previsão de uma Política de atendimento, fiscalização das entidades de atendimento, rol das infrações, apuração administrativas quanto à violação às normas de proteção ao idoso e apuração judicial de irregularidades em entidades de atendimento.

Tratando o presente estudo de matéria que requer, essencialmente, a abordagem da situação jurídica do idoso, não é possível perpassar o presente capítulo sem que se dediquem, pelo menos, algumas laudas, ao exame da principal fonte normativa que toque à temática, após a Constituição Federal, o Estatuto do Idoso.

Importa, desta feita, que até que se contemplasse a vigência da Lei 10.741/2003, contava-se, essencialmente, com a Lei 8.842/1994, que trata da Política Nacional do Idoso, quanto a qual, Naide Maria Pinheiro, reputa traduzir-se em mera carta de intenções[31]. A mesma autora assevera que o Estatuto cumpriu o papel de trazer novos dispositivos ao ordenamento jurídico, ao mesmo tempo em que consolidou, numa única lei, uma série de direitos previstos na legislação esparsa.

O Estatuto decorre do Projeto de Lei nº. 3561/1997 da Câmara dos Deputados e Projeto de Lei nº. 57/2003, havendo sido aprovado de forma unânime pelo Congresso, do que nasceu da sanção pelo presidente da República em 1º de outubro de 2.003, sendo a vigência demarcada pela *vacatio legis* de noventa dias, excetuando-se determinada matéria a que se aplicou vigência desde 01/01/2004, qual seja, a caracterização da dependência econômica, quanto ao acolhimento do idoso em situação de risco social por adulto ou núcleo familiar.[32] Inicialmente, tem-se que o Código estrutura-se em sete títulos, os quais são nominados da seguinte forma: Disposições preliminares, Dos Direitos Fundamentais, Das Medidas de Proteção, Da Política de Atendimento

---

30 PINHEIRO, Naide Maria. Estatuto do idoso comentado. Campinas: LNZ, 2006.

31 PINHEIRO, Naide Maria. Estatuto do idoso comentado. Campinas: Servanda, 2012. p. 31.

32 Ibid. p. 34.

ao Idoso, Do Acesso à Justiça, Dos Crimes e Disposições Finais e transitórias. De cada um destes capítulos emana uma preocupação central com interesses jurídicos da população idosa, de forma que cumpre, ainda que apenas, de forma sucinta, destacar o cerne de cada um deles, o que se faz a seguir.

Conceituando o idoso como a pessoa com idade igual ou superior a sessenta anos, cuidou o legislador de dirimir eventuais dissensões quanto a diversos critérios que poderiam ser adotados para tal caracterização, a exemplo do que já traçou nas noções introdutórias (biológico, social, cronológico).

À vista de se lhe conferir um tratamento mais adequado e respeitável ao idoso, várias foram as terminologias que se adotaram na sociedade brasileira, a exemplo do que discorrem Anita Liberalesso Néri e Sueli Aparecida Freire, citadas por Naide Maria Pinheiro:

> Nos movimentos sociais de idosos, que têm em sua pauta de ações a justa causa de lutar contra os preconceitos e as práticas discriminatórias em relação aos idosos, os termos 'maduro', 'maturidade', 'idade madura' e 'adulto maduro' são preferidos aos que mencionam expressamente sua condição de serem 'entrados em anos', enquanto que outros preferem o termo 'adulto maior'.

Conta-se ainda em nossa sociedade a utilização de outra terminologia bastante recorrente, a dita melhor idade.

Independentemente do termo utilizado, fato é que ao idoso direcionou-se tratamento pormenorizado. Embora tenham sido repisadas as normas constitucionais, estas ganharam contornos próprios, a teor do que ocorre com o artigo 3º do Estatuto em relação ao artigo 230 da Constituição Federal, o qual prescreve, *in verbis*, que *"A família, a sociedade e o Estado têm o dever de amparar as pessoas idosas, assegurando sua participação na comunidade, defendendo sua dignidade e bem estar e garantindo-lhes o direito à vida."*

Destaca-se o dispositivo em comento pela vasta gama de prioridade conferida ao idoso, sob o manto da preferência que lhe é direcionada, o qual congrega o dever de atuação conjunta de distintos seguimentos da sociedade, exprimindo que a concretização dos direitos não se encerra pela mera existência do texto legal. Em complemento à informação acima, é salutar que aqui se enumerem quais sejam as preferências elencadas pelo referido dispositivo

> Art. 3º É obrigação da família, da comunidade, da sociedade e do Poder Público assegurar ao idoso, com absoluta prioridade, a efetivação do direito à vida, à saúde, à alimentação, à educação, à cultura, ao esporte,

ao lazer, ao trabalho, à cidadania, à liberdade, à dignidade, ao respeito e à convivência familiar e comunitária.

Parágrafo único. A garantia de prioridade compreende:

I – atendimento preferencial imediato e individualizado junto aos órgãos públicos e privados prestadores de serviços à população;

II – preferência na formulação e na execução de políticas sociais públicas específicas;

III – destinação privilegiada de recursos públicos nas áreas relacionadas com a proteção ao idoso;

IV – viabilização de formas alternativas de participação, ocupação e convívio do idoso com as demais gerações;

V – priorização do atendimento do idoso por sua própria família, em detrimento do atendimento asilar, exceto dos que não a possuam ou careçam de condições de manutenção da própria sobrevivência;

VI – capacitação e reciclagem dos recursos humanos nas áreas de geriatria e gerontologia e na prestação de serviços aos idosos;

VII – estabelecimento de mecanismos que favoreçam a divulgação de informações de caráter educativo sobre os aspectos biopsicossociais de envelhecimento;

VIII – garantia de acesso à rede de serviços de saúde e de assistência social locais.

IX – prioridade no recebimento da restituição do Imposto de Renda.

Ainda neste primeiro título do Estatuto é que o legislador demonstra preocupação com violações ao direito do idoso, a exemplo da negligência, violência, crueldade e opressão, conforme prescrito no artigo 4°. Veja-se que o texto da lei impõe o dever de prevenção a tais atos, destacando a possibilidade de responsabilização da pessoa que não observá-la. Naide Maria Pinheiro destaca a concretização da referida proteção em três níveis, a saber: primário, secundário e terciário, os quais poderiam ser traçados sob as seguintes conceituações: [33]

a) Nível primário: prevenção por meio da garantia dos direitos do idoso, a exemplo da saúde, educação, segurança e moradia. A autora busca traduzi-lo como a preocupação geral com a promoção do bem-estar da pessoa idosa;

[33] PINHEIRO, Naide Maria. Estatuto do idoso comentado. Campinas: Servanda, 2012. p. 168.

b) Nível secundário: tal nível caracteriza-se pela realização de programas de atendimento, auxílio e orientação, que evitem a marginalização e discriminação de cada indivíduo, dizendo respeito a um risco em particular;

c) Nível terciário: muito embora reconhecido como prevenção, trata-se de reprimenda a uma já ocorrida violação ao direito do idoso. Justifica-se sua compreensão como meio preventivo pelo caráter desestimulante de que se cerca a norma punitiva.

Caminhando para o final do título, o Estatuto, em seu artigo 6º prevê o dever de que todo indivíduo proceda à comunicação às autoridades competentes, de práticas violadoras ao texto da Lei 10.741/2.003, dos quais tenha conhecimento ou tenha até mesmo testemunhado.

O título II aborda os direitos fundamentais, que, frise-se, não ultrapassam daqueles consagrados na Constituição Federal, contudo, recebem no texto de lei específico, os contornos de um enfoque peculiar, que destaca as especificidades da concretização dos interesses da pessoa idosa.

Ousa-se a tal afirmativa, mesmo à luz de dicções doutrinárias que podem sugerir que o reconhecimento do direito à velhice, como fundamental, seja apartado do próprio direito à vida. Isso porque, a leitura acurada do texto legal e a interpretação teleológica do mesmo, informa que somente se concebe aquele com a observância de garantias que assegurem a plena existência.

Inexistem dúvidas de que tal direito contemple determinadas características que informam práticas diferenciadas com relação ao remanescente da população, contudo, de nenhum modo se denota a ausência de íntima relação com as demais previsões pertinentes, pois os direitos fundamentais guardam um liame indissociável, que diz respeito à sua relevância e base constitucional.

Abre-se, aqui, necessariamente, parêntese, para salientar, ainda que de modo muito sucinto, que nem todos os direitos fundamentais encontram-se previstos na Constituição federal, havendo a possibilidade de que assim o seja, desde que decorram do regime ou dos princípios adotados pela Constituição ou conste de tratados e que seja o Brasil signatário, conforme lição exarada pelo artigo 5º, §2º do referido texto.[34]

A dicção do artigo 8º, que abre o capítulo, traz, como muita clareza, a alocação da velhice na esfera de direito fundamental, ao prenunciar, *in verbis*: *"O envelhecimento é um direito personalíssimo e a sua proteção um direito social, nos termos desta Lei e da legislação vigente."*

---

[34] COSTA MACHADO, Antônio Cláudio. Constituição Federal interpretada. 2.ed. Barueri: Manole, 2011.

Na sequência, por meio de seus capítulos, aborda de forma expressa e pormenorizada, os seguintes tópicos: direito á vida, liberdade, respeito, dignidade, alimentos, saúde, educação, cultura, esporte, lazer, profissionalização do trabalho, previdência social, assistência social, habitação e transporte.

A relevância de tal tema é inconteste e, tratando-se da pessoa idosa já ensejou até mesmo manifestações do Supremo Tribunal Federal e Superior Tribunal de Justiça, a exemplo do que se extrai da temática do transporte gratuito, objeto do julgado de nº. 707810 e que se faz disponível no sítio eletrônico do referido tribunal, o qual tem sido admitido como repositório oficial de jurisprudência, nos moldes da resolução 330 de 27 de novembro de 2006.

AI 707810 AgR / RJ – RIO DE JANEIRO

AG.REG. NO AGRAVO DE INSTRUMENTO

Relator(a): Min. ROSA WEBER

Julgamento: 22/05/2012

Órgão Julgador: Primeira Turma

Publicação: ACÓRDÃO ELETRÔNICO

DJe-110 DIVULG 05-06-2012 PUBLIC 06-06-2012

Parte(s)

Ementa: EMENTA DIREITO ADMINISTRATIVO. TRANSPORTE COLETIVO. GRATUIDADE PARA O IDOSO. MANDADO DE SEGURANÇA CONCEDIDO NA ORIGEM. DEVER DE FISCALIZAÇÃO E DE EXPEDIÇÃO DE NORMA PELO ESTADO. OFENSA À CONSTITUIÇÃO FEDERAL NÃO CONFIGURADA. Eficácia plena e aplicabilidade imediata do art. 230, § 2º, da Constituição Federal, que assegurou a gratuidade nos transportes coletivos urbanos aos maiores de 65 anos, reconhecida em precedente desta Corte (ADI 3.768/DF, rel. Min. Cármen Lúcia, Tribunal Pleno, DJe 26.10.2007). Possibilidade de o Poder Judiciário determinar, em casos excepcionais, que o Poder Executivo adote medidas que viabilizem o exercício de direitos constitucionalmente assegurados. Ofensa ao princípio da separa**ção de poderes não configurada. Precedentes. Agravo regimental conhecido e não provido.**

Decisão

A Turma negou provimento ao agravo[35].

Processo: AgRg no REsp 1162156 / RJ

---

[35] Disponívelsem<htttp://www.stf.jus.br/portal/jurisprudência.asp?s1+%28direito+do+idoso%base+baseAcordaos&url+http://tinurl.com/15m9yph> Acesso em 16 out. 2013.

AGRAVO REGIMENTAL NO RECURSO ESPECIAL 2009/0202421-7

Relator(a)

Ministro NAPOLEÃO NUNES MAIA FILHO (1133)

Órgão Julgador

T1 – PRIMEIRA TURMA

Data do Julgamento

Data da Publicação/Fonte

DJe 24/09/2013

Ementa

ADMINISTRATIVO E PROCESSUAL CIVIL. AGRAVO REGIMENTAL NO RECURSO ESPECIAL. AÇÃO CIVIL PÚBLICA. TRANSPORTE PÚBLICO COLETIVO GRATUITO PARA O IDOSO. COMPROVAÇÃO DA IDADE. DOCUMENTO HÁBIL. LIMITAÇÃO DO NÚMERO DE VIAGENS. CONCESSÃO DE ANTECIPAÇÃO DE TUTELA. INEXISTÊNCIA DE VIOLAÇÃO AO ART. 535 DO CPC. ACÓRDÃO DEVIDAMENTE FUNDAMENTADO. JULGAMENTO EXTRA PETITA. INOCORRÊNCIA. AGRAVO REGIMENTAL

DESPROVIDO.

1. As questões postas a debate foram devidamente decididas pela Corte de origem, não tendo havido qualquer vício que justificasse o manejo dos Embargos de Declaração. Observe-se, ademais, que o julgamento diverso do pretendido, como na espécie, não implica ofensa ao art. 535 do CPC.

2. Na espécie, a pretensão versou sobre deferimento de tutela antecipada nos autos de Ação Civil Pública, proposta pelo MP do Estado do Rio de Janeiro, para determinar que ora recorrentes se abstenham de exigir dos idosos, beneficiários da gratuidade nos transportes públicos coletivos, qualquer documento diverso do documento pessoal que comprove a idade, bem como permitir livre, pleno e irrestrito acesso aos coletivos e reservar 10% dos assentos, preferencialmente, para os idosos.

3. É cediço que, tendo encontrado motivação suficiente para fundar a decisão, não fica o órgão julgador obrigado a responder, um a um, todos os questionamentos suscitados pelas partes, mormente se notório seu caráter de infringência do julgado.

4. O exame do pedido formulado no processo encontra-se dentro dos limites postos pela parte autora, razão pela qual não há se falar em decisão *extra petita.*

5. Agravo Regimental desprovido.

Ambos os acórdãos traduzem que ainda inexiste uma plena aceitação ou entendimento quanto à real necessidade especial do consumidor idoso, o que legitima a aplicação de normas específicas, de forma que reafirma-se a dicção legal nos exatos termos em que prescreve a lei.

O título II, nominado Medidas de Proteção, traz em seu conteúdo, normas de caráter punitivo e educativo, uma vez que se fazem invocar, sempre que os direitos previstos na Lei forem objeto de ameaça ou efetiva violação, conforme enunciado do artigo 43. Perpetra-se a violação, precipuamente, à luz do Estatuto, sob três nuances: ação ou omissão da sociedade ou do Estado, falta, omissão ou abuso da família, curador ou entidade de atendimento e, por fim, em razão de sua condição pessoal.

O dispositivo mais incisivo do Título é o artigo 45[36], que contempla medidas a serem adotadas, não constituindo rol taxativo, à luz do texto legal que informa “dentre outras, as seguintes medidas”. Tais providências incumbem ao Ministério Público ou ao Poder Judiciário e contemplam desde orientação e acompanhamento temporário a abrigo em entidade.

Avança-se ao Título IV, que contempla a política de atendimento ao idoso, por meio de seis capítulos, que discorrem, sucessivamente, acerca das entidades de atendimento ao idoso, da fiscalização de tais entidades, das infrações administrativas, da apuração administrativa da infração às normas de proteção e da apuração judicial de irregularidades em entidades de atendimento.

Em linhas gerais, cuida de estabelecer os deveres das entidades governamentais ou não, que lhe prestem serviços de abrigo e cuidado, proscre vendo-lhes condutas e impondo sanções administrativas nas hipóteses de violação às normas.

O título IV, Do acesso à Justiça, elenca providências que visem a garantir-lhe o franco acesso ao Judiciário, de forma que possa ter a expectativa do recebimento da tutela jurisdicional postulada, sem os percalços enfrentados

---

[36] Art. 45. Verificada qualquer das hipóteses previstas no art. 43, o Ministério Público ou o Poder Judiciário, a requerimento daquele, poderá determinar, dentre outras, as seguintes medidas:

I – encaminhamento à família ou curador, mediante termo de responsabilidade;

II – orientação, apoio e acompanhamento temporários;

III – requisição para tratamento de sua saúde, em regime ambulatorial, hospitalar ou domiciliar;

IV – inclusão em programa oficial ou comunitário de auxílio, orientação e tratamento a usuários dependentes de drogas lícitas ou ilícitas, ao próprio idoso ou à pessoa de sua convivência que lhe cause perturbação;

V – abrigo em entidade;

VI – abrigo temporário.

pelo cidadão comum, que acabam por encontrar, frequentemente, óbice na morosidade do andamento processual.

Um dos maiores sinalizadores da busca pela efetividade deste intento do legislador é a previsão da possibilidade de criação de varas especializadas e exclusivas ao idoso, conforme se extrai do artigo 70 do Estatuto, além da determinação de tramitação prioritária, contemplada pelo artigo 71 e que não se restringe à esfera judicial, alcançando, também, as vias administrativas, pelo que cumpre, nesta oportunidade, a transcrição literal do §3º do artigo supracitado.

> § 3º A prioridade se estende aos processos e procedimentos na Administração Pública, empresas prestadoras de serviços públicos e instituições financeiras, ao atendimento preferencial junto à Defensoria Publica da União, dos Estados e do Distrito Federal em relação aos Serviços de Assistência Judiciária.37

Roberto Mendes de Freitas Junior noticia que a primeira Vara especializada no direito do idoso foi instalada na comarca de Maringá, Paraná, na esfera federal. Observa-se, contudo, uma atuação tímida neste aspecto, dada a ausência de atividade legislativa por parte dos estados para tal fim.[38]

O capítulo II do título em tratamento cuida de prever os moldes da atuação do Ministério Público, quando se tratar da defesa dos direitos do idoso, as quais se fazem pormenorizadas nos incisos do artigo 74, de I a X e seus parágrafos.

Ato contínuo, o capítulo III aborda a proteção judicial dos interesses difusos, coletivos e individuais indisponíveis ou homogêneos, trazendo a forma de atuação e os meios pelos quais se dará em prol do atendimento dos direitos do idoso.

Ainda no contexto da temática proposta pelo título em questão, salutar é que se discorra um pouco acerca da proteção dos direitos e interesses difusos ou coletivos, indisponíveis e individuais homogêneos do idoso, já que guarda estreita relação com o tema do estudo, observada a alocação do direito do consumidor como tal.

A dicção do inciso I do artigo 74 do Estatuto do Idoso, cuja transcrição se faz adiante, inspirou uma série de questionamentos lançados pela doutrina[39], no afã de questionar eventual excesso do legislador ao conferir

[37] Estatuto do idoso. Artigo 70, §3º.

[38] FREITAS JUNIOR, Roberto Mendes de. Direitos e garantias do idoso. 2.ed. São Paulo: Atlas, 2011. p. 12.

[39] PINHEIRO, Naide Maria. Estatuto do idoso comentado. Campinas: Servanda, 2012. p. 429.

legitimidade extensa ao Ministério Público, quando da defesa dos direitos/ interesses do idoso:

> Art. 74. Compete ao Ministério Público:
>
> I – instaurar o inquérito civil e a ação civil pública para a proteção dos direitos e interesses difusos ou coletivos, individuais indisponíveis e individuais homogêneos do idoso.

As críticas, ou questionamentos, são elencados por Marcus Aurélio de Freitas Barros, na obra acima mencionada e constituem o seguinte rol:

> a) o dispositivo autoriza o manejo de uma autêntica ação civil pública ou de uma ação genuinamente individual (submetida ao procedimento ordinário do Código de Processo Civil) para a proteção destes direitos individuais indisponíveis?; b) a legitimidade é ampla, permitindo que em qualquer situação, a proteção a direito individual puro, conquanto indisponível, do idoso? ; c) age o Ministério Público como substituto processual de qualquer idoso?; d) não conflita com o art. 74, III, do mesmo Estatuto do Idoso, que somente autoriza o órgão Ministerial a agir, se o idoso estiver em situação de risco?; e) ainda que não se considere estar diante de tutela coletiva de direitos, é possível instaurar inquérito civil para a proteção de direito individual indisponível do idoso?; f) pode o Parquet se valer de instrumentos como a recomendação e o termo de ajustamento de conduta? [40](PINHEIRO, 2012, p. 431)

Desta feita, cuida-se de delinear, de forma muito sucinta, no presente estudo, que o artigo 127 da Constituição Federal de impor ao Ministério Público o dever de promover a defesa, dentre outros, dos interesses sociais e individuais indisponíveis, de forma que a previsão do texto do Estatuto não tem o condão, nem poderia, de acrescer ou suprimir qualquer viés de legitimidade do órgão em referência.

O penúltimo título do Estatuto, VI, trata Dos Crimes contemplados em específico, com relação ao idoso, prenunciando em seu primeiro dispositivo, a aplicação subsidiária, da Lei 7.347/1.985. Invoca-se ainda a aplicação do Código Penal e Código de Processo Penal, além da Lei 9.099/1995 nas hipóteses de crimes cuja pena máxima privativa de liberdade, não ultrapasse quatro anos, tal como contempla o artigo 94 do Estatuto.

Ao tratar do Título em comento, pontua Eduardo Medeiros Cavalcanti[41], que o Estatuto na dimensão político-criminal, as condutas tipificadas

[40] PINHEIRO, Naide Maria. Estatuto do idoso comentado. Campinas: Servanda, 2012.p. 431.

[41] Ibid. p. 573.

integram o chamado Direito Penal Promocional, dada a perceptível função promocional da intervenção punitiva.

> Partindo do entendimento que assevera a função ético-social do Direito Penal, o fundamento promocional, longe de limitar-se á função puramente negativa de harmonizar os interesses dos indivíduos e dirimir os conflitos, postula uma ação fundamentalmente ativa, visando a transformar as condições de vida e ainda a consciência do povo no sentido de direcioná-la a determinada finalidade.

Justamente a partir dessa atitude promocional, entende o autor emergir o fenômeno da neocriminalização, ou seja, o nascimento de novas figuras típicas em searas diversas, a exemplo do meio ambiente, nas relações de consumo, familiares e laborais.[42]

Outra nuance traçada pelo estatuto é de que todos os crimes ali previstos são de ação penal pública incondicionada, tal como traçado pelo seu artigo 95. Do artigo 96 ao 108 são abordados crimes em desfavor do idoso, ainda no capítulo II, muito embora, a partir de então, em sede de Disposições finais e transitórias, ainda se contemple previsão de algumas figuras penais.

A título de ilustração, pode-se elencar, entre os tipos previstos, os que seguem: Discriminação que dificulte ou impeça o uso de qualquer instrumento necessário ao exercício da cidadania, deixar de prestar assistência à pessoa idosa, abandoná-la em hospitais ou outro estabelecimento, expor a perigo sua saúde ou integridade física, obstar-lhe acesso a local público, negar-lhe emprego ou trabalho, recusar ou retardar seu atendimento, causar empecilho ao cumprimento de ordem judicial expedida na ação civil tutelada pelo Estatuto, apropriação ou desvio de bens, proventos, pensão ou outro rendimento que lhe é devido.

Por fim, o Título VII cuida das Disposições finais e transitórias, tecendo, entre outras diretrizes, as concernentes à mudanças nos textos do Código Penal e do Código de Processo Penal, observada a nova conceituação de idoso, com base no critério cronológico de sessenta anos e determinação de atuação legislativa em prol do idoso, à luz do que prescreve o artigo 117 do Estatuto.

Ultrapassando os limites dessas reflexões positivas, tem-se que toda proteção conferida ao idoso, inclusive por meio de políticas governamentais e da iniciativa privada, tem uma justificativa assentada na reflexão de Naide Marinho Pinheiro, no sentido de que a velhice decorra do direito à vida, e que, para assegurar tal direito, necessária é a adoção de medidas para que se

---

[42] Ibid. p.574.

tenha longevidade, a qual deve ser protegida, já que a qualidade de vida é inerente ao próprio direito à vida. [43]

Arrematando os desafios encontrados pela sociedade com relação à defesa do idoso, Patrícia Albino Galvão Pontes, na obra supracitada, assevera que o envelhecimento não seja o desafio, mas sim a necessidade e urgência na implementação de novas políticas públicas sociais, econômicas e de saúde, para que se lhe contemple, deste modo, efetiva e integral proteção, além de garantir que se cumpram os direitos previstos pelo texto constitucional e na lei 10.741/03.

A conscientização da população, sobremaneira da idosa, alvo da lei, é matéria de alta relevância, a fim de que se possa instruir na mais ampla observância dos direitos de tais indivíduos, o que se dá por meio de estudos e divulgações direcionadas, não mais no intento de se instigar a uma atividade legislativa, vez que esta parece ter se contemplado pelo Estatuto do Idoso, mas de divulgação para efetivo conhecimento da proteção conferida pelo Estado. [44]

Diante de tudo o que se expôs, tem-se a conclusão de que o idoso seja merecedor, senão carecedor, de proteção jurídica específica, de forma a não se ver desmunido de meios de alcance de direitos universais contemplados pelo ordenamento, sobremaneira, de ordem constitucional, em razão de determinadas necessidades que surjam ou se acentuem com o alcance de tal condição.

3.4 A SITUAÇÃO JURÍDICA DO CONSUMIDOR IDOSO. HIPERVULNERABILIDADE

A existência de mecanismos próprios à proteção do idoso[45] pode gerar o questionamento da legitimidade de se promover a discussão atinente à necessidade de mais especificidades quanto a tais indivíduos. Busca-se, contudo, pelas presentes exposições, delinear que eles, em determinada condição já alvo de proteção legal, fazem-se ainda desprivilegiados em razão de não serem plenamente contemplados, tendo em consideração as suas peculiaridades.

Está-se a falar da existência de uma fragilidade sua no desenvolvimento das atividades no comércio, na condição de consumidor, em razão das

---

43 PINHEIRO. Ibid. P. 17.

44 A exemplo de publicações como o Guia Serasa de orientação ao cidadão, publicado pela Série SERASA de Cidadania.

45 FREITAS JUNIOR, Roberto Mendes de. Direitos e garantias do idoso. São Paulo: Atlas, 2011. p. 7.

alterações que suporta de ordem fisiológica, além de questões de cunho sociais de seu posicionamento, a partir de certa idade.

Importa elucidar que o uso da expressão "situação" do título deste tópico justifica-se pela possível ocorrência de situações em que o idoso não seja propriamente o consumidor, mas a ele seja equiparado, a exemplo da dicção do artigo 17 do Código de Defesa do Consumidor, o *bystander*[46], o que amplia, e muito, o conceito de consumidor e a abrangência da norma.

A fim de elucidar tal assertiva, importa frisar que ao alcançar a chamada terceira idade, o indivíduo vive uma série de transformações biológicas que lhe impõem redução de capacidade física e, por vezes, de raciocínio.

Não se está a falar de um quadro patológico, mas de um espectro de redução de capacidade que concerne à natureza humana. Nessas condições, a pessoa despende um maior tempo para compreensão de determinadas informações, bem como pode necessitar de condições especiais de deslocamento físico.

Além de tais condições, tal pessoa, via de regra, distancia-se do mercado de trabalho, o que o afasta, por consequência, de determinados meios dinâmicos, onde se confluem informações da atualidade.

Cediço que os meios de comunicação da atualidade conferem maior possibilidade de acesso a informações, o que lhe colocaria em condição de igualdade, mas o arredamento do mercado pode implicar, também, a redução da capacidade aquisitiva.

O aspecto acima apontado é para ele o elemento de prejuízo não somente sob o prisma de dificuldade na plena aquisição de informações de produtos e serviços disponíveis e em que qualidade, mas também ocasiona maior exposição a assédios praticados em desfavor destes indivíduos.

Muito embora a proteção ao consumidor se dê de forma abrangente, sem limites etários, fato é que, experimentando o indivíduo a condição de vulnerabilidade, inerente à condição do consumidor com maior impacto a suporta na condição do idoso, dada a fragilização física e psicológica imposta pelo avançar dos anos.

Nesse sentido entendem Rosalice Fidalgo Pinheiro e Derlayne Detroz[47], ao discorrer acerca da Hipervulnerabilidade e os direitos fundamentais do consumidor idoso no direito brasileiro, os quais se parafraseia para asseverar que a introdução da pessoa no centro das relações jurídicas faz com que as diferenças sejam identificadas e valorizadas [...].

---

46 TARTUCE, Flávio. Manual de direito do consumidor: direito material e processual. 2.ed. Rio de Janeiro: Forense: São Paulo: Método, 2003. p. 70

47 PINHEIRO, Naide Maria. Estatuto do idoso comentado. Campinas: LNZ, 2006. p. 129

A vulnerabilidade física, psíquica e social do idoso justifica uma vulnerabilidade especial e, portanto, um tratamento especial uma vez que aos considerados diferentes precisa ser assegurada igualdade jurídica com objetivo de mitigar a desigualdade material.

A fragilidade do idoso é reconhecida por lei através do Estatuto do Idoso que nesta esteira lhe confere proteção específica. O estado de vulnerabilidade do consumidor é pacífico à luz do Código de Defesa do Consumidor (Lei 8.078/1990).

Somando-se esses dois elementos de minimização de condição, tem-se por inconteste que o consumidor idoso seja alvo de maior desprestígio ou inferioridade na relação, sob dois aspectos distintos, conforme exposto.

Por essa razão é que se sustenta que o consumidor idoso seja alvo de uma hipervulnerabilidade, hábil a justificar o reconhecimento de tal condição, com vistas a se pensar em mecanismos de proteção e mitigação da mesma.

Ao instituir o princípio da vulnerabilidade, o Código de Defesa do Consumidor busca equilibrar a superioridade do fornecedor que já detém os meios de produção, e, portanto, faz do consumidor seu dependente. Por isso é que deste se depreende a existência de desigualdade na relação, pois, se assim não fosse, não seria reconhecido e não se adotariam meios de minimização dos impactos dessa inferioridade na relação que integra.

Conforme pontua Rosalice Fidalgo[48], a fragilidade psíquica dos idosos acarreta uma vulnerabilidade especial no trato de situações cotidianas, as quais têm sua dimensão alargada, o que acentua a vulnerabilidade de tais indivíduos.

Cláudia Lima Marques[49] explana que se tratando dessa categoria de consumidor, tem-se a potencialização de sua vulnerabilidade, em razão de aspecto físico e técnico. Importa neste teor reproduzi-la, dada a objetividade e franqueza com que expõe a condição de tal indivíduo:

> [...] é um leigo frente a um especialista organizado em cadeia de fornecimento de serviços, um leigo que necessita de forma permanente dos serviços frente à doença ou à morte iminente, um leigo que não entende a complexa técnica atual dos contratos cativos de longa duração denominados de 'planos' de serviços de assistência à saúde ou assistência funerária.

---

48 PINHEIRO. Ibid.

49 In: PINHEIRO, Naide Maria. Estatuto do idoso comentado. Campinas: LNZ, 2006. p.. 138.

A existência de características específicas que lhe justifiquem uma proteção especial assenta-se na inequívoca constatação de que, do contrário, violado restaria o princípio constitucional da Igualdade, tendo em vista a desvantagem imposta a ele em razão da redução de determinadas aptidões (e aqui se incluem não só a condição físico-biológica, como também o aspecto social).

A atualidade vivenciada no Brasil inspira estudos como o presente justamente porque ainda não é satisfatória a defesa dos direitos do idoso na condição de consumidor. Tal quadro, certamente, decorre da forma como é visto e incluído na sociedade, como alguém que tenha relevância ou que represente um encargo para os demais.

Importa a que, salientar que o princípio da igualdade seria suficiente a elidir tal suscitação, mas questões históricas revelam o contrário, ao evidenciar que, por vezes, o idoso tem a sua dignidade ultrajada.

Uma visão diferenciada pode ser apurada, por exemplo, na Europa[50], onde eles muito representam para o mercado de consumo, preenchendo o nicho do turismo em percentual de 45% (quarenta e cinco por cento). Desta forma, o citado continente muito se ativa no cuidado com tais indivíduos, dentre outras motivações, pela franca atuação e produtividade.

Outra ilustração que se pode conferir de inserção dos idosos no mercado de consumo diz respeito às mídias, especialmente, a televisão, instrumento largamente utilizado por eles, em casas de repouso ou mesmo em suas residências regulares.

Por esse mesmo mecanismo é que se podem denotar, contudo, abusos e desrespeito à sua pessoa, seja simplesmente na condição de indivíduo inserido na sociedade, seja na especial condição de consumidor.

Lado outro, tem sido a televisão, um dos principais veículos de alcance do idoso para conclamá-lo ao consumo, reavivando a imagem de um indivíduo plenamente ativo e apto a viver, o que, consequentemente, o insere no universo do consumo.

A vulnerabilidade, conceito trabalhado nas laudas introdutórias, é de forma patente, acentuada no consumidor idoso, impõe a adoção de medidas que mitiguem essa ampliação de poder do fornecedor, observando-se que as regras especiais já existentes em prol dos demais consumidores podem não ser suficientes para ele.

---

50 SANTOS, Fabíola Meira de Almeida. Reflexões acerca do consumidor idoso e a necessidade de efetivação dos direitos desta categoria especial de indivíduos. Revista de Direito Privado. São Paulo. V. 9. N. 36. P. 119-40. p. 128

Cristiano Heineck Schimitt[51] elenca três enfoques dessa fragilidade, quais sejam: vulnerabilidade a partir da publicidade, vulnerabilidade técnica profissional e vulnerabilidade jurídica.

No que toca à publicidade, pondera a ocorrência de uma minimização da capacidade de o consumidor, que resta fragilizado, em estabelecer o que seja importante para si, já que a mídia conta com meios eficazes de influência, capazes de ditar o que se torne essencial ou não ao consumo.

Já a vulnerabilidade técnica- profissional decorre da impossibilidade de ele interferir nos meios de produção, que tocam somente ao fornecedor, compelindo aquele a crer na sua boa fé.

Por fim, a vulnerabilidade jurídica é apontada como decorrente de técnicas de contratação em massa, representadas pelos contratos de adesão, quanto aos quais não pode o consumidor opinar.

Fato é que o Código de Defesa do Consumidor, embora contemple, em determinado dispositivo, a saber, artigo 39, inciso IV, a proteção em face de atuação abusiva do fornecedor em razão da idade, não cuida, nas demais disposições, de individualizar os consumidores, observadas as peculiaridades de cada grupo, como ocorre com os idosos.

O reconhecimento desta fragilidade material do consumidor, acentuada, quando na condição do idoso, é que torna possível a adoção de medidas que possam mitigar a desigualdade instalada na relação de consumo. Derlayne Detroz,[52] afirma, contudo, que o simples fato de ser idoso não é suficiente para se presumir essa hipervulnerabilidade, sendo necessário considerar seus aspectos individuais na relação, dadas as diferenças que decorrem do plano social, no aspecto de cultura e educação, por exemplo.

Reconhecer esta hipervulnerabilidade tem como intento o alcance de alternativas a ela mesma, de forma que se retome a necessária proteção à dignidade do indivíduo, que não pode se ver desamparado quando já se constate a necessária intervenção em prol da isonomia que deve permear o trato dos indivíduos.

Por essa razão é que o presente estudo permeia a necessidade de se identificar nos mecanismos jurídicos de proteção ao consumidor e ao idoso a existência ou não de uma identidade de previsões capaz de promover a atenção necessária ao consumidor idoso.

---

51 SCHIMITT, Cristiano Heineck. A hipervulnerabilidade do consumidor idoso. Revista de Direito do Consumidor. São Paulo. V. 18. N. 70. P. 139-71. Abr/jun. 2009. P. 138

52 DETROZ, Derlayne. A hipervulnerabilidade do consumidor idoso. Faculdades Integradas do Brasil. Unibrasil. Curitiba, 2011. Disponível em http://www.unibrasil.com.br/sitemestrado/_pdf/20100724%20V43%20-%20Disserta%C3%A7%C3%A3o.pdf. Acesso em 03 set 13. p. 64.

Abordando a hipótese de inexistência dessa interface, parte-se para a conclusão atinente à necessidade ou não de se realizarem novos trabalhos normativos ou se seriam suficientes aqueles já existentes, sob uma novel perspectiva de aplicação ou concretização.

Frisa-se, uma vez mais, que este estudo não tem um intento positivista, mas se pauta nos principais instrumentos de proteção do consumidor e do idoso existentes no ordenamento jurídico como meio de alavancar os questionamentos que dizem respeito à efetividade dos meios que lhes são disponibilizados na atualidade.

Desta feita, busca-se observar qual o alcance dos mecanismos até então existentes, que se voltam à pessoa do consumidor, sem maiores delimitações, quanto a eventuais peculiaridades de sua condição, a exemplo do que ocorre com o idoso, a fim de que se possa ofertar resposta ao inicial questionamento: Há uma interface entre os microssistemas em debate (Consumidor / Idoso)? Revela-se suficiente a proteção conferida ao consumidor, quando este se reveste da condição de consumidor idoso?

Certamente que a resposta ofertada pelo presente estudo não será conclusiva, nem se pretende que seja, uma vez que o plano social em constante evolução, com perspectivas já traçadas do crescimento da população idosa e o franco desenvolvimento do mercado informam a impossibilidade de tecer-se soluções imutáveis. Ademais, tal consideração revela-se lógica pelo próprio dinamismo do Direito.

Ainda assim, busca-se alcançar uma resposta para a atual situação do consumidor idoso, frente aos mecanismos jurídicos que lhes são disponibilizados, hodiernamente, com o que se poderá contemplar a necessidade de uma atuação legal, administrativa, ou meramente social, em prol da defesa de seus interesses e direitos.

Uma das francas demonstrações de que a atuação em defesa do idoso não se limita ao campo legal reside no próprio Estatuto do Idoso, ao prescrever, no artigo 3º, inciso II, a sua prioridade na formulação e execução de políticas sociais públicas específicas.

Nota-se que o legislador contemplou em tal mecanismo a possibilidade de conferir efetividade às normas por ele exaradas, vinculando o Poder público, por meio do dever de atentar-se às diretrizes do Estatuto quando da elaboração das leis orçamentárias.

A interpretação do texto conduz à compreensão de que ao administrador público não é conferida uma faculdade, mas imposto o dever de observar a necessária preferência do idoso na formulação e execução de tais políticas, sob pena de incorrer em inobservância do texto de lei vigente em nosso ordenamento.[53]

Notável é que ao obedecer a tal regra, outros direitos assegurados por for força do texto constitucional ou ordinário, restariam atendidos, pois as políticas públicas têm como alvo a promoção de saúde, educação, lazer, habitação, dentre outras nuances de interesse da população idosa.

De forma conclusiva, portanto, conforme exara Naide Maria Pinheiro, as políticas públicas são meio de se implementar os direitos fundamentais do idoso, quanto aos quais assevera que *"A solução para os problemas enfrentados não passa pela força das leis, mas pela dinâmica da sociedade.*[54]"

> Assim, na execução das políticas públicas, o administrador, dentre as linhas de ação em favor da pessoa idosa, poderá estabelecer critérios de conveniência e oportunidade para eleger qual delas desenvolverá naquele momento. Porém, não pode ele deixar de implementá-las prioritariamente em benefício de outras ações (como a construção de uma quadra poliesportiva na cidade, por exemplo), pois, desta maneira, estará ele se afastando do comando legal, qual seja, a prioridade absoluta do idoso na execução das políticas públicas.

Assim sendo, tem-se por inconteste a relevância da atuação da administração pública na consecução dos meios de atendimento aos interesses e direitos da pessoa idosa, reafirmando que além da dicção legal e em mesmo patamar de importância está a participação da sociedade, diretamente, ou por seus representantes legalmente constituídos, em todas as esferas de poderes.

Diante de tal reflexão, almeja-se prosseguir na discussão que toca aos meios existentes de tutela dos direitos do consumidor, traçando-se um paralelo com os interesses deste mesmo indivíduo, quando também na condição de idoso, almejando alcançar a resposta da suficiência e eficácia de tais meios na realidade hodierna.

---

53 PINHEIRO, Naide Maria. Estatuto do idoso comentado. Campinas: Servanda, 2012. p.58.

54 Ibid. p. 59.

4

RELEITURA DO DIREITO DO CONSUMIDOR À LUZ DA HIPERVULNERABILIDADE DO CONSUMIDOR IDOSO

Observando as lições de Rosalice Fidalgo Pinheiro e Derlayne Detroz[1] quanto à acentuação da vulnerabilidade do consumidor idoso, tem-se a pertinência da atual abordagem, a fim de que se promova uma reflexão mais específica da questão, sob o enfoque da proteção consumerista.

As autoras acima mencionadas destacam que a fragilidade psíquica gera uma vulnerabilidade especial para lidar com questões anteriormente tidas como simples, cotidianas.

Por esta razão, traçam-se nas seguintes laudas, exposições e considerações atinentes a aspectos mais controversos que importam na defesa do consumidor, sobremaneira quando na condição de idoso, operando-se, necessariamente, uma releitura do texto consumerista, como se tentará demonstrar.

4.1 PRODUTOS E SERVIÇOS DESTINADOS AO CONSUMIDOR IDOSO

Importa demonstrar, ainda que superficialmente, que diante do elevado crescimento populacional desta categoria de pessoas[2], o mercado de consumo vislumbrou destinar-lhes produtos e serviços peculiares a esta fase da vida.

A título de ilustração, pode-se mencionar a esfera da saúde, em que se torna comum a contratação ou permanência em planos de saúde, dada a necessidade mais constante de uso de tais serviços, bem como a utilização de serviços médicos e aquisição de produtos farmacêuticos.[3]

---

1 PINHEIRO, Rosalice Fidalgo; DETROZ, Derlayne. A hipervulnerabilidade e os direitos fundamentais do consumidor idoso no direito brasileiro. Revista Luso-Brasileira de Direito do Consumo. Curitiba, v. II, n. 4, p.137.

2 Na Introdução resta delineado o crescimento da população idosa, consoante índices do IBGE à fl. 04.

3 BRAGA. Perola Melissa Viana. Curso de direito do idoso. São Paulo: Atlas, 2011. p. 3.

Conforme prescreve Joseana Suzart Lopes da Silva[4], em observância às diretrizes da Política Nacional de Consumo, sob prescrição do artigo 4º do Código de Defesa do Consumidor, há que se observar nas relações de consumo a transparência e harmonia dos direitos. Nessa esteira é que se contempla a boa-fé como elemento imprescindível nas contratações, no que se incluem os contratos de plano de saúde.

Inicialmente, encontra o idoso, ao contratar o plano de saúde, dificuldade de obter as informações necessárias e suficientes à mais consciente contratação[5], sendo certo que a forma como se transmite o conteúdo do contrato ao indivíduo, pode ser incapaz de fornecer subsídios suficientes à contratação adequada.

Neste aspecto, tem-se a evidência da violação ao princípio da boa-fé. Acerca desta temática, reproduz-se a conclusão de Joseane Suzart Lopes da Silva[6], para quem "limitam-se os agenciadores a entregarem-lhe, apenas, o formulário subscrito pelos consumidores, nem sempre acompanhado das condições gerais de negociação ou do contrato, sem que maiores explicações sejam prestadas".

A possibilidade de adoção de um procedimento maculado pela má-fé, do que importa a atenção à situação é ainda majorada pelo fato de se inserir o contrato de plano de saúde na modalidade de adesão, de forma que não se discutem cláusulas, passíveis de abusos ainda maiores. A menos que se assegurem meios de se opor a tais abusividades, nos moldes da lei[7], estará o consumidor fadado a suportar as intempéries de uma relação desigual.

Observando as nuances acima traçadas e rememorando as características naturais da alteração fisiológica do idoso, alcança-se a conclusão de que, a menos que se dedique maior atenção à contratação em que figure como parte, poderá sofrer lesões decorrentes, dentre outros fatores, da ausência de redação suficientemente clara em aspectos formais e materiais à sua idade e supressão de informações contratuais.

Não se olvida de que aos demais consumidores seja devida a mesma atenção, contudo, tem-se por inconteste que o idoso tem agravada a prejudicialidade dos abusos prefalados por questões, inclusive, de ordem física. Por exemplo, ressaltar que a fonte doze que atende à população geral na produção textual pode ser insuficiente ao indivíduo de setenta anos que já não conta com o mesmo viço de visão; de igual modo, usar determinadas

---

[4] SILVA, Joseane Suzart Lopes da. Planos de saúde e boa-fé objetiva. Slavador: Juspodvm, 2008. p. 409.

[5] Ibid. p. 410.

[6] Ibid p. 410.

[7] Artigo 51 do Código de Defesa do Consumidor.

terminologias que são próprias das recentes gerações e podem não se fazer compreensíveis ao indivíduo octogenário.

Embora simples, os exemplos elencados prestam-se a evidenciar que até mesmo as questões mínimas de uma contratação podem assumir dimensões diferenciadas a postular especial atenção ao consumidor idoso.

Importa destacar que o Estatuto do Idoso contempla disposição específica acerca dos planos de saúde[8], visando coibir abusos na prática de preços em relação a este consumidor. Aqui já se compreende, com maior clareza, que a violação dos direitos do consumidor idoso emerge da própria restrição que se tenta impor ao mesmo, vez que, havendo desproporção significativa, poderá optar por não valer-se do serviço e utilizar-se, tão somente, do viés público, através do Sistema Único de Saúde, o SUS.

Ao proibir as progressões de valores com base na idade a partir de sessenta anos, o estatuto contempla o princípio da igualdade e honra o direito à saúde e confere ao indivíduo o direito de contratar livremente, tal como todo e qualquer outro indivíduo.

Na hipótese de o idoso ser hospitalizado, pelo sistema público ou privado, nos moldes do que prevê o Estatuto[9], tem direito a se fazer acompanhar por um terceiro, a menos que tal acompanhamento seja expressamente e justificadamente negado pelo profissional médico responsável.

Quando se submeter a intervenção médica da qual dependa decisão de opção por tratamento, poderá exercê-lo, livremente, a menos que esteja com a capacidade comprometida de forma a contar com o posicionamento de seu curador legalmente nomeado.

Roberto Mendes de Freitas Junior [10] abre parêntese para destacar na hipótese de se ter o idoso exposto a risco sem que haja tempo de consulta a curador ou familiar, ou à inexistência destes, compete ao médico a decisão do procedimento a ser adotado, a quem compete comunicar ao Ministério Público para providências concernentes à possível interdição.

Observa-se uma vez mais a franca preocupação do legislador ordinário com a proteção de direitos fundamentais da pessoa idosa, sem a supressão de outros, como a liberdade. Importa, desta forma, pontuar que à luz das normas do Estatuto do Idoso, tem-se que o envelhecimento, muito embora, ocasione fragilização de algumas capacidades físicas do homem, não corresponde à consequente perda de condição de autodeterminação e poder de decisão, de forma que, havendo tal ocorrência, necessário se faz que se

8 Art. 15, §3° do Estatuto do Idoso.

9 Conforme prescrição do Estatuto do Idoso.

10 FREITAS JUNIOR, Roberto Mendes de. Direitos e garantias do idoso. São Paulo: Atlas, 2011. p. 79.

sirva o interessado dos meios legais de proteção dos interesses, inclusive, do idoso, qual seja, a curatela dos interditos.

Submetendo-se com mais frequência a cuidados médicos, consequentemente, serve-se ele da indústria e comércio farmacêutico também em maior proporção, se comparado à idade mediana. Neste momento, tem-se a possibilidade de ver violado seu direito à informação, no ato da aquisição do produto, bem como a entraves decorrentes de atos ou omissões do Poder Público quanto ao fornecimento de medicamentos ou à ausência de condições financeiras para acesso aos mesmos.

Assim, evidenciada a sua necessidade de produtos e serviços da esfera de saúde em maior escala e os diferentes ângulos pelos quais pode se perpetrar a violação de seus direitos, ratifica-se a presença da hipervulnerabilidade como fator determinante de tal cenário.

Não se limitam, contudo, os percalços encontrados pelo idoso à saúde, mas, a título de exemplo, menciona-se também ao aliciamento que suportam das empresas de financiamento, de concessão de crédito consignado, quando aposentados e pensionistas.

Tratando da temática, André de Sousa Soares[11] utiliza a expressão "estímulos subliminares" para se referir às estratégias que têm atraído, cada vez mais, os idosos a contratarem empréstimos consignados, mesmo à míngua de informações suficientes acerca do negócio.

Avança o autor em asseverar que os moldes apelativos da propaganda que visa alcançar o público de aposentados e pensionistas, majoritariamente composto de idosos, são perniciosas, pois os compelem a tomar o empréstimo, mas não lhes prestam as devidas informações para um consumo consciente e responsável, tendo-se o silencio dos riscos de endividamento.

Flávio Tartuce[12] traça definição da publicidade por omissão que em muito aproveita ao presente estudo, pelo que se reproduz:

> Na publicidade enganosa por omissão há um dolo negativo, com atuação omissiva. Conforme o §3° do art. 37 do CDC, a publicidade é enganosa por omissão quando deixar de informar sobre dado essencial do produto ou serviço. Pode ser traçado um paralelo em relação ao artigo 147 do CDC, que trata do silêncio intencional como dolo negativo: "Nos negócios jurídicos bilaterais, o silêncio intencional de uma das partes a respeito de fato ou qualidade que a outra parte haja ignorado,

[11] Disponível em http://jus.com.br/artigos/9055/aposentados-e-pensionistas-do-inss. Acesso em 28 out. 13.

[12] TARTUCE, Flávio. Manual de direito do consumidor: direito material e processual. 2.ed. Rio de Janeiro: Forense: São Paulo: Método, 2003. p. 535.

constitui omissão dolosa, provando-se que sem ela o negócio não se teria celebrado." A título de exemplo, cite-se a hipótese em que uma empresa de refrigerantes lança uma campanha publicitária, mas deixa de informar aos consumidores que os prêmios constam das suas tampinhas (STJ – Resp 327.257/SP – Terceira Turma – Rel. Min. Nancy Andrighi – j. 22.06.2004 – DJ 16.11.2004, p. 272)

Os empréstimos em comento comprometem até o importe de trinta por cento do benefício previdenciário do idoso, por força da Lei 10.820/2.003, artigo 6º, §5º[13]. Assim, remanesce à livre disposição do idoso para os demais gastos, o importe de 70% (setenta por cento), ou seja, para o indivíduo que conte com benefício equivalente a um salário mínimo mensal, suporta supressão para quitação de empréstimo no valor de R$ 203, 40 (duzentos e três reais e quarenta centavos), remanescendo o importe de R$ 474,60 (quatrocentos e setenta e quatro reais e sessenta centavos). Soma-se ao quadro normativo da temática a Instrução Normativa 28 da Previdência social.

Não bastasse o significativo montante objeto de desconto, há que se observar ainda que tais empréstimos podem ser objeto de parcelamento por longo período, lapso em que o idoso pode contrair outros financiamentos e comprometer, cada vez mais, sua qualidade de vida.

Desse quadro, é possível concluir que além das dificuldades de inclusão no mercado que normalmente o consumidor idoso enfrenta, pode ter sua situação ainda mais agravada pela impossibilidade de quitação de seus débitos e consequente restrição de crédito a partir do momento em que se vê compelido pela ação cada vez crescente de oferta de serviços e produtos sem a devida atenção a este público específico[14].

Outro significativo nicho do mercado destinado ao consumidor idoso é o do turismo, considerando que ao alcançar a terceira idade, e aposentando-se, o indivíduo passa a buscar opções de ocupação do tempo, principalmente, com a finalidade de lazer, fazendo das viagens um alvo cobiçado. Essa é a conclusão da Fundação Instituto de Administração, em pesquisa realizada no ano de 2012, quando se constatou que quase 35% (trinta e cinco por cento) da população idosa viaja de duas a três vezes por ano[15].

O direito ao transporte gratuito em viagens interestaduais, certamente, constitui também elemento para fortalecimento destes dados estatísticos,

---

13 § 5º Os descontos e as retenções mencionados no *caput* deste artigo não poderão ultrapassar o limite de 30% (trinta por cento) do valor dos benefícios.

14 Disponível em: <http://www.portalcreditoecobranca.com.br/especial/48075/o-target-terceira-idade/Ler.aspx>. Acesso em 25 out. 13.

15 Disponível em: <http://redeglobo.globo.com/globocidadania/noticia/2013/07/idosos-do-brasil-estao-viajando-mais.html>. Acesso em 28 out. 13.

muito embora a pesquisa acima reconheça como fator determinante o aumento da renda da população idosa.

As empresas prestadoras de serviços de turismo assumem, então, um papel de muita responsabilidade, uma vez que as necessidades específicas do idoso devem ser observadas, resguardando, inclusive, o dever de prestar informações de forma muito clara, a fim de que não seja o consumidor lesado ao adquirir produtos fora de seu real interesse e possibilidade.

Os ramos até então mencionados não se dispersam da atual utilização do meio eletrônico de comercialização, outra situação que pode se traduzir em entrave à livre e satisfatória atuação do consumidor idoso.

Michael Cesar Silva e Wellinton Fonseca Santos[16] defendem que o comércio virtual impõe a adequação das regras consumeristas, a fim de que não se vejam insuficientes à proteger o consumidor que se defronta com uma nova complexidade técnica, tecnológica e jurídica. Inconteste que a matéria do comércio digital pende de regulamentação específica para o público em geral, de modo que a acentuação da preocupação neste estudo cinge-se aos caracteres já apontados que denotam a necessidade de se dispensar maior atenção ao idoso no mercado de consumo.

A importância da compreensão da ocorrência desta elevada vulnerabilidade do consumidor é ratificada pela exposição dos autores acima mencionados que frisam uma exposição maior de todo consumidor no *e-commerce*, importando na reprodução de tais considerações:

> Todavia, o fornecedor virtual não pode fazer do comércio eletrônico um meio de manipulação, através do marketing direto e agressivo de produtos e serviços, da vontade do consumidor, tendo em vista a vulnerabilidade informacional, técnica, jurídica, econômica e fática deste último. Nesse contexto, não é por um clik do mouse de forma impensada e correspondendo à assinatura de um contrato indesejado, que o consumidor se encontrará obrigado contratualmente.

Não se cogita da dúvida do exercício dos direitos contemplados pelo Código de Defesa do Consumidor nas relações virtuais de consumo, a exemplo do arrependimento, contudo, até mesmo este pode restar prejudicado ou pelo menos dificultado pelos limites impostos pelo fornecedor, capazes até mesmo de tornar praticamente impossível a concretização do intento de devolução da mercadoria. Os limites a que se faz menção tocam a informações incompletas para adoção do procedimento de devolução, por exemplo.

---

16 O Direito do consumidor nas relações de consumo virtuais. Revista da Faculdade Mineira de direito. PUC Minas. Vol. 15. n. 30.

O crescente acesso da população à internet, de onde não se excluem os idosos[17], propulsiona que esta também se valha de tais mecanismos para atendimento de seus interesses de consumo, de forma que a fragilidade da pessoa possa ser ali ainda mais explorada pela forma totalmente dirigida em que se opera o consumo, ou seja, com maior limitação à possibilidade de se expressar ponderações e dúvidas acerca do produto ou serviço contratado.

Por tais razões é que se tem por evidente que o mercado alcança de forma cada vez mais contundente a população idosa, inclusive pela mídia virtual, a qual, não sendo bem administrada e regulada é capaz de impor prejuízos, por vezes irreversíveis ao mais frágil, condição em que se enquadra o consumidor idoso.

Embora não sejam os únicos, os exemplos acima elencados, que tocam à esfera da saúde, fornecimento de crédito e turismo, inserem-se no rol mais alcançado ao se tratar de idoso, razão pela qual se optou por expor a sua essencialidade, bem como dificuldades enfrentadas pelos consumidores idosos ao buscar acesso aos mesmos.

4.2 MECANISMOS DE PROTEÇÃO AO CONSUMIDOR IDOSO

O reconhecimento de que o idoso permanece ativo no mercado de consumo e enfrenta dificuldades específicas nesta seara torna necessária a reflexão que concerne à proteção a que faz jus, sob pena de se verem excluídos deste mercado.

Conforme tudo o que se expôs até então, ele conta com proteção legal específica pela Lei 10.741/2.003, inclusive, quanto a determinadas questões consumeristas, a exemplo do contrato de plano de saúde e transporte público. O microssistema em comento, todavia, não se revela suficientemente munido com relação à condição do idoso, enquanto consumidor.

A Lei 8.078/1990, responsável pela previsão dos direitos do consumidor, não faz qualquer acepção ao consumidor idoso, muito embora à época de sua promulgação, a população pátria já experimentasse o início do estrondoso crescimento dessa classe de pessoas.

Assim sendo, observa-se que ambos os microssistemas acima referidos – idosos e consumidores – não guardam liame suficiente a que se possa afirmar que o ordenamento jurídico vigente contemple proteção eficaz diante do reconhecimento da hipervulnerabilidade do consumidor idoso.

---

[17] Conforme aponta pesquisa disponibilizada no site http://www.bbc.co.uk/portuguese/noticias/2012/01/120102_india_internet_pai.shtml. Acesso em 04 nov. 13.

Rosalice Fidalgo Pinheiro e Derlayne Detroz[18] traçam um raciocínio acerca da questão, considerando a vulnerabilidade acentuada e o direito fundamental à defesa do consumidor. Tal relação é proposta considerando o aspecto teleológico do reconhecimento da hipervulnerabilidade do consumidor idoso, que reside na função de realizar os direitos fundamentais do idoso. Caminham mais adiante a justificar na hipervulnerabilidade a observância da cláusula geral de proteção da dignidade da pessoa humana, com fincas constitucionais.

Veja-se a conclusão alcançada pelas autoras, à qual se filia o presente estudo, ao fundamento de que, admitir a hipervulnerabilidade não seja algo somente abstrato, mas sobremaneira concreto com vistas a se atingir a proteção de direitos fundamentais, na mais estrita observância aos comandos exarados de tal ordem:

> Pretende-se que, com a aceitação da hipervulnerabilidade do consumidor idoso, tenha êxito a aplicação do fundamento da cláusula geral de proteção à dignidade da pessoa humana. A hipervulnerabilidade tem fundamento na Constituição, uma vez que institui cláusula geral de tutela de dignidade de pessoa humana, impondo o reconhecimento e influência de interesses não patrimoniais sobre as relações interprivadas, e que estabelece também uma tutela especial aos idosos, além de prever o respeito às diferenças.
>
> Ao contrário do que sugere o art. 4º, inc. I, do Código de Defesa do Consumidor, que expressa uma pressuposição indiscriminada, o regime de tutela indicado se regeria por critérios de aplicação que se nutririam da situação real do idoso contratante, não sendo possível uma decisão ser alcançada sem antes se ponderar as circunstâncias concretas do conflito a ser dirimido. Com base na aplicação de uma vulnerabilidade especial dos idosos, que se chama de hipervulnerabilidade, quer-se resgatar a dignidade da pessoa humana desta categoria quando se trata de relação de consumo.

O Estatuto do idoso, de forma inconteste, é considerado o maior norte de proteção à população idosa, não se furtando à proteção comum da Constituição Federal, à qual, contudo, dirigem-se referências de omissão ao idoso, razão pela qual lhe é atribuído, inclusive, o atributo de indiferença.[19]

Na busca de um viés da proteção do idoso na condição de consumidor, nota-se acentuada omissão jurídica de proteção, a que se conjectura, no presente

---

[18] PINHEIRO, Rosalice Fidalgo; DETROZ, Derlayne. A hipervulnerabilidade e os direitos fundamentais do consumidor idoso no direito brasileiro. Revista Luso-Brasileira de Direito do Consumo. Curitiba, v. II, n. 4, p.130-164, 2012. P 143

[19] FREITAS JUNIOR, Roberto Mendes de. Direitos e garantias do idoso. 2.ed. São Paulo: Atlas, 2011.p. 7.

estudo, ser a causa a ausência de reflexão quanto à hipervulnerabilidade deste consumidor e a ausência de liame suficiente entre os microssistemas que tutelam os direitos de ambos.

À esteira de tudo o que se sustentou até o presente momento, encontra o consumidor idoso proteção paritária aos demais consumidores, sendo necessário que tente mitigar essa acentuada fragilidade em que se situa por meio de invocação de algumas normas existentes.

Tal como explanado, os principais mecanismos existentes na atualidade, para proteção do direito do consumidor e do idoso são, respectivamente, o Código de Defesa do Consumidor (Lei 8.078/1990) e Estatuto do Idoso (Lei. 10.741/2003).

Cediço que embora a legislação possa se revelar como relevante meio de tutelar os direitos e interesses dos indivíduos e coletividade, não é a única fonte para tal fim, sendo certo que outros elementos existem e devem ser manejados em prol da consecução dos intentos constitucionais.

Ainda com relação aos instrumentos legais acima mencionados, é possível asseverar que ambos emanam de uma vasta atividade social de grupos que já experimentavam mais do que interesses, a franca violação de direitos básicos, de forma que uma proteção específica era clamada como meio eficaz de se coibir a insustentabilidade do quadro fático vivenciado.

No que concerne ao consumidor, o clamor por mudanças emana de uma constante alteração no quadro econômico social, a partir do qual, os detentores do capital, responsáveis pelo fornecimento, exerciam um amplo poderio sobre aqueles que buscavam a produção. Desta forma, reconhecendo-se que a diferenciação entre os ocupantes destes dois polos, necessário se fez também, ter-se consciência das implicações de tal polaridade. Assim é que se fez notável a superioridade econômica do fornecedor, destacando-se certa inferioridade do consumidor, o qual, portanto, foi munido de outro instrumento, com vistas a tornar a relação igualitária, qual seja, a superioridade jurídica.

Quanto ao idoso, muito embora a Constituição Federal tenha cuidado de lhes prescrever atenção e dignidade, sobretudo, no seio familiar[20], denotou-se que a realidade os expunha a constantes situações de lesão e inferioridade, por meio de condutas que minimizavam sua condição de atuação na sociedade.

Em ambos os casos, portanto, tem-se a situação em que duas coletividades – consumidores e idosos – se tornaram alvo de proteção legal específica,

[20] Artigo 230 da Constituição Federal.

com vistas a se coibir violações de seus direitos. As proteções ora mencionadas traduzem-se em microssistemas jurídicos, característicos de matérias que clamem por proteção mais específica, de forma a atender um intento maior protegido pelo texto constitucional, por exemplo.

Há que se mencionar que a existência dos microssistemas não implica a conclusão de que as matérias abordadas sejam exauridas em seus instrumentos, até porque, à luz do estudo de lições de Jhering[21] o direito é dinâmico, emergindo de interesses a que se prestam a tutelar, dessa forma, a mudança da realidade pode implicar na transformação de espectros legais e jurídicos, de forma que seria demais pretensioso considerar um texto legal absolutamente suficiente no aspecto temporal.

Alicerçado em tais argumentos, tem-se a plena concepção, senão compreensão, da realidade que objetiva o surgimento de uma coletividade já alcançada por proteção específica, que, tornando-se uma especial condição, requer uma vez mais, uma tutela ainda mais peculiar, qual seja, a de consumidor idoso.

Note-se que não é o caso de expor à duvida o alcance da proteção que se confere ao consumidor ou ao idoso de forma específica, mas sim, a possibilidade de se demonstrar que não se vislumbra, pelo exame dos instrumentos disponibilizados por ambas as esferas, uma interface capaz de atender aos interesses destes indivíduos, quando cumuladas tais condições, de forma que não se vejam juridicamente desprovidos.

Legalmente, o ordenamento jurídico pátrio não conta com o expresso reconhecimento da existência desta categoria diferenciada, composta pelo consumidor idoso, sendo certo que à defesa deste são invocados direitos abordando-se sua condição de idoso ou de consumidor.

Diante do que se expôs no presente estudo, até o presente momento, revela-se patente que a negativa em se reconhecer a existência de tal categoria não decorre de eventual ausência de pacífica caracterização da mesma, mas sim da dificuldade de se admitir que os microssistemas que tutelam consumidor e idoso de forma diferenciada, não tenham sido capazes de contemplar situações mais elásticas.

O reconhecimento da composição dessa expressão, consumidor idoso, requer, necessariamente, que se admita que, de fato, não há uma interface entre os principais mecanismos que tocam à matéria, do contrário, não se faria necessária.

---

21 COSTA, Alexandre Araújo. A Jurisprudência dos interesses. Disponível em < http://www.arcos.org.br/livros/hermeneutica-juridica/capitulo-i-o-senso-comum-dos-juristas/2-a-jurisprudencia-dos-interesses/>. Acesso em 23 set. 13.

Não se furta o presente estudo à existência de determinados mecanismos de proteção ao idoso quando inserido no mercado de consumo, a exemplo da reserva de vagas gratuitas em transportes públicos[22], mas a abordagem que se propõe, por erigir uma nova categoria, é mais ampla e requer contornos mais específicos, sob pena de perpetuar-se os prejuízos a que se expõem os idosos na condição de consumidores.

A teor do que se explanou em capítulo específico, o idoso, por aspectos biológicos, não mais se porta na sociedade, com mesmas condições de um indivíduo de idade mediana, seja no aspecto econômico e até mesmo em abordagens mais elementares, como a própria interpretação das relações que se desenvolvem, a própria mercancia.

Não fosse esta a realidade experimentada, não se vislumbraria, com tanta frequência, demandas judiciais ou não de idosos com dificuldades com planos de saúde, sendo molestados por financeiras e, por vezes, impedidos de usufruir, com toda plenitude de outros direitos dos quais não deveriam se ver privados.

O prejuízo decorrente da ausência de um liame entre os mecanismos da esfera consumerista e do idoso é todo suportado por esta coletividade, que se tem socorrido de medidas que, dada a reconhecida peculiaridade do grupo, sem qualquer preterição, podem ser ditas paliativas. É o que se vislumbra ao conceber que o indivíduo não possa simplesmente exercer um direito ou ver-se livre, seguramente, de violação, pelo menos no plano abstrato, a menos que se valha de uma medida judicial, conforme evidenciado pelos arestos colacionados no antecedente capítulo.

Conforme os contornos a que se visou conferir a este estudo, desde o princípio, não se afirma que o Código de Defesa do Consumidor e o Estatuto do Idoso, uma vez existentes, sejam elementos suficientes a elidir qualquer dificuldade do consumidor idoso.

Visando demonstrar que essa concepção, contudo, não é unânime, reproduz-se menção ao pronunciamento de Luiz Antônio Rizzato Nunes, citado por Roberto Mendes de Freitas Junior[23]:

> Veja-se, a título de exemplo, o que está acontecendo exatamente nesse momento no País: milhares de aposentados fazem filas diariamente em frente aos postos do INSS no Brasil inteiro; eles ficam várias horas por dia debaixo de sol e chuva, muitos passam mal, desmaiam, adoecem;

---

22 Artigo 39 do Estatuto do idoso.

23 FREITAS JUNIOR, Roberto Mendes de. Direitos e garantias do idoso. 2.ed. São Paulo: Atlas, 2011. p. 6.

centenas têm mais de setenta e até mesmo oitenta anos; outros milhares fazem filas diante dis prédios da Justiça Federal para ajuizarem ação em face do INSS. O que eles fazem lá? Pleiteiam o direito que lhes é assegurado por lei ao reajuste correto de suas pensões pelo índice do salário-mínimo de 1994. O irônico é que não há necessidade de dar prioridade a nenhum deles, pois todos já têm mais de sessenta anos. Como é que se aplicará a lei que dá proteção ao idoso se o Poder Público e suas autarquias (caso mais do que conhecido do INSS) primeiro a não cumpri-la? Fazemos questão de colocar aqui esse comentário, pois, para dar prioridade ao idoso, o Poder Público jamais precisou de lei ordinária: bastava cumprir o comando constitucional!

Abre-se breve parêntese para reproduzir a compreensão de Cláudia Lima Marques[24], no sentido de que não seja somente o idoso a categoria especial de consumidores que emerge da acentuação da vulnerabilidade agravada, compondo ainda tal gama os adolescentes, crianças, estrangeiros, dentre outros, sendo relevante a literal transcrição de tal ensinamento:

> Identifica-se hoje também uma série de leis especiais que regulam as situações de vulnerabilidade potencializada, especial ou agravada, de grupos de pessoas (idosos, crianças e adolescentes, índios, estrangeiros, pessoas com necessidades especiais, doentes, etc.), e estes grupos de pessoas também atuam como consumidores na sociedade, resultando na chamada hipervulnerabilidade.

No mesmo sentido discorre Fernando Costa de Azevedo, em seminário preparatório de sua tese de doutorado, conforme publicação em sitio eletrônico, oportunidade em que discorre acerca da hipervulnerabilidade de determinados consumidores.[25]

Visando delinear com maior clareza a denotada precariedade do ordenamento que decorre da ausência de interface entre os dois microssistemas ora invocados, tem-se que muito embora o Código de Defesa do Consumidor promova a proteção deste em face da propaganda abusiva[26], não é capaz de alcançar a necessidade do idoso que pode se inserir numa condição ainda maior de vulnerabilidade, dada a própria distinção na forma de percepção e captação da informação que lhe é prestada.

O reconhecimento da precariedade de um liame existente entre os principais instrumentos jurídicos que tutelam consumidor e idoso no País não é peculiaridade destes dois microssistemas. Afinal, conforme delineia Pérola

---

24 PINHEIRO, Naide Maria. Estatuto do idoso comentado. Campinas: LNZ, 2006.

25 Disponível em <(http://imagensdajustica.ufpel.edu.br/anais/trabalhos/GT%207/GT%207%20-%20AZEVEDO,%20Fernando%20Costa%20de.pdf)> Acesso em 23 set 13.

26 Artigo 36, § 2º do Código de Defesa do Consumidor.

Melissa Viana Braga, a necessidade de se trabalhar com novos mecanismos legais é comum numa sociedade em desenvolvimento, pelo que não se concebe abordar o sistema jurídico como uma estrutura fechada.

De forma mais específica quanto à matéria do idoso, salutar é reproduzir a compreensão da autora, para quem[27]:

> O direito do idoso pode ser considerado o maior evento do atual ordenamento jurídico brasileiro e, sem trocadilho, é o mais jovem dentro dos direitos sociais brasileiros. Não há como ignorar que o idoso continua exercendo suas escolhas e prossegue como titular de direitos e deveres perante a sociedade.
>
> Quando se trata do envelhecimento, nota-se ausência efetiva do Estado, não na produção legislativa mas sim na aplicação de tudo que está previsto em lei. (BRAGA, 2011, p. 58)

As manifestações doutrinárias colhidas ao longo deste capítulo, informam um consenso quanto à necessária atuação conjunta de Estado, incluindo mais do que sua figura legislativa, mas também, executiva, e Sociedade, a fim de que cada um, de acordo com seu envolvimento, possa conferir validade aos instrumentos jurídicos de proteção aos direitos e interesses do idoso, além do que expressamente restou consignado em lei, tal como ocorre quando na condição de consumidor.

Exemplo recente do flagrante desrespeito ao direito do consumidor idoso se traduz pelo requerimento da Federação Internacional de Futebol (FIFA), externada à imprensa em 30 de setembro do corrente ano, no sentido de que durante a Copa do Mundo de 2014, seja suspensa a aplicabilidade do Estatuto do Idoso, Código de Defesa do Consumidor e Estatuto do Torcedor (Lei 10.671/2005), a fim de que possa praticar preços a critérios próprios, sem observar as concessões que se aplicam a determinados grupos, como a idosos e estudantes.

A discussão ocorreu no bojo do Projeto de Lei 2.330/2011, nominado “Lei Geral da Copa” e constituiu alvo de manifestação do Instituto Brasileiro de Defesa do Consumidor à presidência da República, tendo em conta a preocupação com as possíveis violações perpetradas aos direitos do consumidor, inclusive, na condição especial de idoso.[28]

Já sob a forma de lei, nº. 12.663/2012, o texto de lei veio a observar, expressamente, o Estatuto do Idoso, bem como acautelou os direitos dos

---

27 BRAGA. Perola Melissa Viana. Curso de direito do idoso. São Paulo: Atlas, 2011. p. 58.

28 Disponível em <http://www.inesc.org.br/noticias/noticias-gerais/2011/outubro/fifa-pede-suspensao-do-cdc-e-estatuto-do-idoso-durante-a-copa-do-mundo-de-2014> Acesso em 14 out. 2013.

estudantes, conforme já prescrito em leis ordinárias, acerca da concessão de desconto para aquisição dos ingressos, conforme se infere dos textos do artigo 26, §§5º e 10º, destacando-se a redação deste: § 10. *Os descontos previstos na Lei no 10.741, de 1º de outubro de 2003 (Estatuto do Idoso), aplicam-se à aquisição de Ingressos em todas as categorias, respeitado o disposto no § 5º deste artigo.*

Muito embora, pensar-se na melhora dos mecanismos normativos possa soar como ônus, na medida em que se desenvolve a consciência social, passa-se a reconhecer a importância de tais instrumentos em uma perspectiva muito maior do que a mera solução de um problema presente. Neste sentido, Pérola Melissa Viana Braga[29] discorre:

> [...] Na ordem inversa, quando o Brasil reconhecer o potencial de seus membros idosos, passará a lutar para que o direito os reconheça como cidadãos.
>
> Quando estivermos neste grau de evolução, estaremos conquistando o nosso próprio espaço no futuro e resguardando a nós mesmos como uma sociedade ética, que reconhece todos os ciclos da vida e os preserva sem distinção. A criança, o adolescente, o adulto e o idoso têm o mesmo espaço social e o mesmo direito ao respeito, respeito esse entendido na sua forma mais ampla. (BRAGA, 2011, p. 59).

Antes que se cometa uma impropriedade no presente estudo, frisa-se que a interface existente entre os microssistemas em apreço, se dita existente, é mínima, observada apenas quando da leitura do artigo 76, inciso V, b, da Lei 8.078/1990, ao estabelecer que constitui circunstância agravante o cometimento dos crimes ali tipificados em desfavor de pessoa maior de sessenta anos de idade.

A abordagem acima revela um dos aspectos do tratamento do idoso na legislação federal, em panorama traçado por Ana Maria Viola de Sousa[30], sendo esta a única referência em que se logra êxito observar a proteção dele na condição de consumidora.

Está-se, certamente, ao buscar o reconhecimento da necessidade da interface prefalada neste estudo, a priorizar também um princípio de ordem fundamental, também assentado pelo Estatuto do Idoso, qual seja, o da dignidade.

---

29 BRAGA, Perola Melissa Viana. Curso de direito do idoso. São Paulo: Atlas, 2011. p. 59.

30 SOUSA, Ana Maria Viola de. Tutela jurídica do idoso. A assistência e a convivência familiar. Campinas: Alínea, 2004. p. 109.

Ao discorrer sobre o tema, Pérola Melissa Viana Braga[31] assevera que tal princípio traduz-se no direito ao envelhecimento digno, o qual deve ser garantido por todos os meios possíveis, partindo da conscientização da população quanto às particularidades do envelhecimento, alcançando o resgate das boas maneiras na convivência com idoso.

Tecidas tais considerações quanto à relevância de se lhe proporcionar efetiva proteção diferenciada avança para o cerne do capítulo, que diz respeito aos mecanismos jurídicos concernentes ao direito do consumidor e sua efetividade quanto ao atendimento dos direitos da pessoa idosa.

Conforme delineado nas anteriores laudas, o Código de Defesa do Consumidor presta proteção a tal indivíduo, considerando sua vulnerabilidade perante o fornecedor, que detém os meios de produção, de forma que se faz necessário e assim o é, a mitigação de tal elevação, por meio da superioridade jurídica do consumidor.

Ao examinar a exposição de motivos para o Anteprojeto do Código de Defesa do Consumidor[32], objeto de publicação no Diário do Congresso Nacional, em 03 de maio de 1989, observa-se um intento sobremaneira abrangente, mas, de nenhum modo, o legislador furtou-se ao fato de que este, ainda assim, poderia deixar lacunas causadas pelo tempo, mas veio a ser apresentado ao Congresso ainda sob o flamejar da recém-nascida Constituição, escorado ainda na Resolução 39/248 da Organização das Nações Unidas.[33]

Essa digressão histórica se traça, apenas para rememorar que à época do surgimento do Código de Defesa do Consumidor, ainda não se concebia a população idosa no país, tal como na atualidade, servindo-se do estudo de Ana Maria Viola de Sousa, no sentido de que:

> [...] Em 1991, a população com 80 anos ou mais no país era de pouco mais de um milhão (1.129.651 pessoas), já em 2000, esse número havia crescido 62% e chegado a 1.832.105 pessoas. [...]
>
> Na América Latina será, o Brasil, o país com maior número de idosos, e o sexto no mundo. (SOUSA, 2004, p. 102).

O fato de a população idosa, à época, não ter a mesma expressão de hoje, denota, senão justifica, talvez, a ausência de uma preocupação do legislador

[31] BRAGA, Perola Melissa Viana. Curso de direito do idoso. São Paulo: Atlas, 2011. p. 72.

[32] Diário do Congresso Nacional, Seção II, de 3 de maio de 1.999.

[33] Disponível em <http://www.egov.ufsc.br/portal/conteudo/resolu%C3%A7%C3%A3o-da-organiza%C3%A7%C3%A3o-das-na%C3%A7%C3%B5es-unidas-onu-n%C2%BA-39248-de-16-de-abril-de-1985-em-ingl%C3%AAs>. Acesso em 15 out. 2013.

em já direcionar uma atenção específica ao consumidor em tal condição, já que não se vislumbrava uma manifestação específica.

Afirma-se, contudo, que o aumento nos gráficos, da qual emana determinação expressa do Estatuto do Idoso de inclusão de dados demográficos que toquem à pessoa maior de sessenta anos em estatísticas, fez com que se atentasse à realidade experimentada por tais indivíduos, por vezes, expostos a tratamentos à margem da lei.

O Estatuto do Idoso contempla normas voltadas à situação do idoso na condição de consumidor, a exemplo das questões que tocam ao plano de saúde, transporte, lazer, e habitação, mas, certamente, que estes aspectos, embora irrefutavelmente, relevantes, não são exaustivos quanto a todas as suas necessidades, daí se denotando a carência de mecanismos que possam efetivamente assegurar-lhe sua plena atuação na condição de consumidor.

O liame que se perquire com tanto afinco no presente estudo tem lugar diante da patente constatação de que a independência e cidadania que se quer garantir ao idoso, pelas vias existentes, especialmente, pelo Estatuto, não se concretizarão se este não gozar de meios que lhe confiram segurança ao dispor de seu patrimônio no mercado de consumo.

Por essa razão, conclui-se que a existência de microssistemas não se revela como solução única ao atendimento de interesses de determinados grupos, sendo que a interdisciplinaridade de determinadas matérias imporá a necessária ligação entre os mesmos, quando assim se fizer necessário ao efetivo alcance do aspecto teleológico da norma.

Tem-se que os mecanismos de defesa do consumidor, hoje existentes, revelam-se insuficientes à proteção do idoso, não por deixar de contemplar direitos, mas por não estendê-los a necessidades mais específicas da pessoa idosa no Brasil, por meio do reconhecimento desta necessária ligação, dada a acentuação de vulnerabilidade do consumidor, quando idoso.

Desnecessário é alongar-se em exemplos de tantas quantas sejam as situações em que ainda sob o manto protetor do Estatuto, veja-se o idoso lesado no exercício de seus direitos, a despeito de que, ousa-se, uma vez mais, ilustrar, desta vez, tendo em conta o gozo de uma das previsões da Lei. 10.741/2003. Alude-se ao transporte público gratuito em viagem interestadual, contemplado pelo artigo 40 do instrumento legal mencionado, alvo de frequentes relatos de desrespeito por parte das empresas, que omitem ou se negam a ofertar tal prestação, nos moldes da lei.

Não muito difere o quadro das ocorrências pertinentes aos planos de saúde, no que toca à proibição de reajustes após os sessenta anos de idade[34], dada a acirrada discussão travada quanto à existência ou não de marco da contratação para aplicabilidade da norma, debate que tem sido digladiado à vista da impotência do consumidor idoso quanto a uma prestação que tanto se revela necessária em tal estágio da vida, e mais, direito fundamental ratificado pelo legislador ordinário.

4.3 A VISÃO DO APLICADOR DO DIREITO QUANTO A ESTA CATEGORIA DIFERENCIADA DE CONSUMIDOR: A RELEITURA DO TEXTO CONSUMERISTA

A jurisprudência pátria tem externado os maiores anseios e dificuldades do consumidor idoso, o que reforça a existência de um atributo diferenciado e que é seu na condição de consumidor.

Para isto, colacionam-se, a partir deste momento, diversos acórdãos com a respectiva análise crítica, desde os tribunais estaduais, bem como federais e instâncias superiores, chegando ao Supremo Tribunal Federal (STF).

Ainda, de acordo com o que se extrai dessas decisões paradigmas, é possível verificar as temáticas invocadas com maior frequência, dentre as quais se destaca a vedação a reajustes de plano de saúde com base em faixa etária, a partir dos sessenta anos de idade.

> Processo: Apelação Cível 1.0083.10.001009-5/001
>
> 0010095-51.2010.8.13.0083 (1)
>
> Relator(a): Des.(a) Mota e Silva
>
> Data de Julgamento: 09/07/2013
>
> Data da publicação da súmula: 15/07/2013
>
> Ementa:
>
> EMENTA: AÇÃO DE INDENIZAÇÃO – PRELIMINAR DE ILEGITIMIDADE PASSIVA – DECISÃO INTERLOCUTÓRIA NÃO RECORRIDA – PRECLUSÃO – ATO ILÍCITO – COMPRA E VENDA POR TÉCNICA AGRESSIVA E DESLEAL – VÍCIO DE CONSENTIMENTO – RESPONSABILIDADE – DANO MORAL CONFIGURADO.
>
> - A preliminar de ilegitimidade passiva já foi apreciada em decisão interlocutória e desta não houve recurso, dando-se a preclusão.

---

34 Artigo 15, §3º do Estatuto do Idoso.

- A responsabilidade civil pode ser definida como a obrigação de reparar o dano, imposta a todo aquele que, por ação ou omissão voluntária, negligência ou imprudência, violar direito ou causar prejuízo a outrem.

- No direito consumerista, restou superado o princípio da relatividade, alargando a responsabilidade do empresário, por danos decorrentes de seus produtos ou serviços, ainda que o consumidor não mantenha imediata relação contratual, impondo responsabilidade a todos os agentes da cadeia econômica.

- Verifica-se que o consumidor foi ludibriado mediante técnica de venda agressiva e desleal, não teve seu direito de arrependimento respeitado e ainda viu sua renda mensal sofrer descontos por longos 17 meses, o que por certo gera transtornos, aflições e inseguranças, **principalmente se considerarmos se tratar de um senhor idoso**, doente e que ainda cuida de dois filhos deficientes.

- O ressarcimento pelo dano moral decorrente de ato ilícito é uma forma de compensar o mal causado e não deve ser usado como fonte de enriquecimento ou abusos.

Diante do aresto acima, torna-se claro que a ausência da interface citada no capítulo anterior, entre o Código de Defesa do Consumidor e Estatuto do Idoso, fez com que o julgador tivesse, praticamente, de reler o direito do consumidor à luz da já manifesta hipervulnerabilidade, comprovada, nesse caso concreto, por tratar-se de idoso, diante de técnica de venda agressiva.

Deve ressaltar-se, ainda que, no primeiro caso, embora não se trate de questão meramente atrelada ao direito do idoso, vislumbra-se que o julgador considerou tal aspecto como elemento de relevância para apreciar a questão meritória recursal, reconhecendo a violação a direitos de personalidade, o que ensejou a condenação à reparação moral.

A todo o tempo, pauta-se o Tribunal nas provas produzidas em primeira instância em que se destaca de forma muito contundente que a condição de idoso do Apelado foi fundamental a que os Requeridos pudessem auferir vantagem pela venda realizada em total abusividade.

Por meio de tais circunstâncias, o Colégio Recursal pôde reconhecer que agiram de má-fé os Recorrentes, de forma mais específica quanto ao Banco, suportando a extensão da responsabilidade que se atribui ao empresário com quem houve a relação direta de venda, oportunidade em que se frisa a conclusão de que a responsabilidade do empresário opera-se mesmo à custa da extensão da prática de atos dos demais agentes da cadeia econômica.

Dessa maneira, atesta-se, com total clareza, que o julgador ativou-se de forma a compor a lide diante de condição muito peculiar do Apelado, que se trata de pessoa idosa, elemento essencial a que os Apelantes pudessem auferir vantagem econômica em detrimento da real vontade do consumidor de vulnerabilidade acentuada.

> Processo: Apelação Cível
>
> 1.0024.04.504277-7/001
>
> 5042777-64.2004.8.13.0024 (1)
>
> Relator(a): Des.(a) Fabio Maia Viani
>
> Data de Julgamento: 26/10/2006
>
> Data da publicação da súmula: 24/11/2006
>
> Ementa: AÇÃO DE REVISÃO DE MENSALIDADE DE PLANO DE SAÚDE CUMULADA COM INDENIZAÇÃO POR DANOS MORAIS – ESTATUTO DO IDOSO – REAJUSTE – FAIXA ETÁRIA – RESPONSABILIDADE CIVIL – REQUISITOS.
>
> **- Na hipótese de o consumidor completar 60 anos já sob a égide do Estatuto do Idoso, aplica-se o art. 15, § 3º, da referida lei, sendo incabível, via de conseqüência, o reajuste da mensalidade do plano de saúde sob o fundamento de alteração da faixa etária, ainda que, quando da contratação, não houvesse qualquer empecilho legal para tal reajuste.**
>
> Para que se possa falar em obrigação de indenizar, necessária se faz a comprovação dos requisitos da responsabilidade civil, os quais são: o ato ilícito; o dano; e o nexo causal entre os dois anteriores elementos.

O quadro traçado pelo segundo acórdão lança-se na interpretação do artigo 15, §3º do Estatuto do Idoso, para declarar abusivo e indevido o reajuste de mensalidade de plano de saúde com base em faixa etária após os sessenta anos de idade, desde que o alcance de tal alvo cronológico se dê sob a égide de tal instrumento legal.

A decisão amparada no voto do relator alargou-se para demonstrar que muito embora o exame superficial da questão possa sugerir que o reajuste em plano de saúde emanado de contratação anterior ao Estatuto do Idoso seja legal, há que se conferir interpretação mais acurada dos diplomas legais que regem a matéria, quais sejam, o Estatuto, Código de Defesa do Consumidor e a Lei 9.656/1998.

Pontua a decisão que o fato de o contrato prever a possibilidade de reajuste com base em faixa etária não se sobrepõe à medida protetiva em face da discriminação por idade, pelo que deve ser observada norma impeditiva do Estatuto do Idoso, que veda a utilização do critério etário para aumento da mensalidade do plano de saúde após os sessenta anos de idade.

Os acórdãos acima foram exarados pelo Tribunal de Justiça de Minas Gerais e tratam de dois enfoques conferidos no presente estudo, a saber, a majoração da vulnerabilidade do consumidor, quando idoso, e a questão dos reajustes das mensalidades dos planos de saúde, por faixa etária.

Vejam-se, ainda, outros dois esclarecedores acórdãos que subsidiarão a justificativa da inserção deste capítulo, com apontamentos jurisprudenciais que mostram que o Poder Judiciário caminha para ativar-se, solucionando, diferentemente, demandas que tenham em um de seus polos pessoas com idade igual ou superior a sessenta anos , ainda que inexistente a interface entre os propalados institutos (Código de Defesa do Consumidor e Estatuto do Idoso). Tal atividade jurisdicional traduz patente legitimação da hipervulnerabilidade do consumidor idoso.

Processo Numeração Única: 0006767-93.2004.4.01.3801

AC 2004.38.01.006765-4 / MG; APELAÇÃO CIVEL

Relator: DESEMBARGADORA FEDERAL SELENE MARIA DE ALMEIDA

Convocado:JUIZ FEDERAL AVIO MOZAR JOSE FERRAZ DE NOVAES

Órgão: QUINTA TURMA

Publicação: 05/10/2007 DJ P. 85

Data Decisão: 26/09/2007

Ementa: CIVIL. RESPONSABILIDADE CIVIL. CADASTROS DE INADIMPLENTES. PRESTAÇÃO DE SERVIÇOS DEFEITUOSA. CÓDIGO DE DEFESA DO CONSUMIDOR (LEI 8.078/90). ESTATUTO DO IDOSO. DANO MORAL. CABIMENTO.

1. A manifestação da CEF no recurso registra a prestação indevida de serviços, confira-se: "Assinala ainda, que as informações são todas informatizadas, mas a tomada de providências é fruto de operação humana, havendo hora para serem processadas, ordenamento de serviço para ser concluído, prazos a serem cumpridos, se submetendo a toda sistemática de trabalho da empresa, NÃO SE CONSEGUE PRODUZIR NADA EM ESTALAR DE DEDOS."

2. O Código de Defesa do Consumidor é claro quanto à responsabilização objetiva, independentemente da existência de culpa, pela reparação dos danos causados aos consumidores por defeitos relativos à prestação

dos serviços, bem como por informações insuficientes ou inadequadas sobre sua fruição e riscos.

3. Configurada a existência de dano moral, o magistrado deve quantificar a indenização, arbitrando-a com moderação, de forma que represente reparação ao ofendido pelo dano, sem, contudo, atribuir-lhe enriquecimento sem causa. Se o dano foi fixado em R$10.000,00 (dez mil reais), encontra amparo na jurisprudência da Corte.

4. Art. 3o do Estatuto do Idoso: É obrigação da família, da comunidade, da sociedade e do Poder Público assegurar ao idoso, com absoluta prioridade... Parágrafo único. A garantia de prioridade compreende: I – atendimento preferencial imediato e individualizado junto aos órgãos públicos e privados prestadores de serviços à população.

5. Apelação não provida.

Acompanhamento Processual Inteiro Teor Sem formatação

Processo

Numeração Única: 0017258-33.2006.4.01.3400

AC 2006.34.00.017431-4 / DF; APELAÇÃO CIVEL

Relator: DESEMBARGADORA FEDERAL SELENE MARIA DE ALMEIDA

Convocado: JUIZ FEDERAL AVIO MOZAR JOSE FERRAZ DE NOVAES

Órgão: QUINTA TURMA

Publicação: 31/07/2008 e-DJF1 P. 308

Data Decisão: 09/07/2008

Ementa: CONSTITUCIONAL E CIVIL. RESPONSABILIDADE CIVIL OBJETIVA. A CORRESPONDÊNCIA ENTREGUE PELO AGENTE DA EMPRESA BRASILEIRA DE CORREIOS E TELÉGRAFOS (ECT) ESTAVA IMPRESTÁVEL PARA UTILIZAÇÃO. PASSAPORTES. PERDA DO VISTO PELO PRAZO DE DEZ ANOS. IRMÃ EM GRAVE ESTADO DE SAÚDE NA ÍNDIA. CONFECÇÃO DE NOVOS PASSAPORTES. DANO MORAL CARACTERIZADO.

1. Para caracterizar a responsabilidade objetiva da Administração, bastam a comprovação do dano e do nexo de causalidade entre a conduta do agente público, agindo nessa qualidade, e o evento danoso. O dano moral ensejador de reparação é aquele que causa abalo psíquico relevante à vítima que sofreu lesões aos direitos da personalidade como o nome, a honra, a imagem, a dignidade, à sua integridade física, entre outros.

> 2. Na hipótese, a parte autora perdeu o visto pelo prazo de dez anos que havia obtido para os Estados Unidos da América do Norte [07/06/2004 a 06/06/2014 – fl.47-] e ainda, as dificuldades que encontrou para chegar em tempo razoável à Índia onde se encontrava em grave estado de saúde a sua irmã (fl.28). Em virtude de mudanças nas regras de concessão do visto americano, necessária a terrível via crucis para a sua obtenção provisória.
>
> 3. O Código de Defesa do Consumidor é claro quanto à responsabilização objetiva, independentemente da existência de culpa, pela reparação dos danos causados aos consumidores por defeitos relativos à prestação dos serviços, bem como por informações insuficientes ou inadequadas sobre sua fruição e riscos. Configurada a existência de dano moral, o magistrado deve quantificar a indenização, arbitrando-a com moderação, de forma que represente reparação ao ofendido pelo dano, sem, contudo, atribuir-lhe enriquecimento sem causa.
>
> 4. **A parte autora é composta por pessoas idosas que devem ter tratamento na solução administrativa ou judicial com absoluta prioridade. Confira-se o Art. 3o do Estatuto do Idoso: É obrigação da família, da comunidade, da sociedade e do Poder Público assegurar ao idoso, com absoluta prioridade... Parágrafo único. A garantia de prioridade compreende: I – atendimento preferencial imediato e individualizado junto aos órgãos públicos e privados prestadores de serviços à população.**
>
> 5. Apelação da ECT não provida e apelação da parte autora provida.

A manifestação do Tribunal Regional Federal nos arestos antecedentes demonstra claramente o cuidado do julgador com a efetividade que se almeja garantir às normas de proteção ao consumidor, sobremaneira em razão da imposição legal de tal responsabilidade, com fincas no artigo 3º do Estatuto do Idoso.

O primeiro acórdão cuida de situação em que a Caixa Econômica Federal tarda em retirar o nome de consumidor do cadastro de inadimplentes, mesmo após a quitação do débito que se encontrava em aberto. Tal fato, por si só, seria hábil a ensejar a condenação Pa reparação moral, segundo entendimento do julgador.

Uma circunstância, entretanto, majorou a gravidade que se se atribuiu ao caso, qual seja, a condição de idoso do consumidor, do qual se extrai que a prestadora de serviços teria agido em contrariedade às normas consumeristas, observadas sob a ótica também do Estatuto do Idoso, ocasião em que se invocou o artigo 3º do referido diploma, que determina o tratamento prioritário ao indivíduo com idade igual ou superior a sessenta anos.

Extrai-se do referido julgado, portanto, que a conjugação da norma consumerista e do estatuto do idoso, não à sombra da existência de uma interface, pois esta não se vislumbrou, mas à luz de uma releitura da norma de proteção do consumo, é capaz de promover equilibrada prestação jurisdicional na temática.

Com relação ao segundo acórdão, trata-se de quadro similar ao primeiro caso exposto, em que se aborda a violação de direitos do consumidor, com circunstância agravadora do quadro, tendo em vista uma maior vulnerabilidade doa vítima, por ser pessoa idosa.

Em quadro diverso da situação retratada por acórdão do Tribunal de Justiça de Minas Gerais, em que a condição de idoso foi o subterfúgio para forçar a venda de produto, no caso em apreço, a extensão das lesões decorrentes da conduta da prestadora de serviços é que se alargou, tendo em conta as dificuldades encontradas pelo consumidor para restabelecer o status anterior ao dano, por tratar-se de um idoso.

A forma pela qual o Tribunal entregou a tutela jurisdicional no caso em questão revela que a releitura que se realiza dos mecanismos existentes em prol da defesa do consumidor, ao tratar-se de pessoa idosa, ata-se à teleologia da norma, qual seja a de conferir ampla proteção, seja em caráter preventivo ou repressivo, como ocorreu no caso em tela.

Nas duas situações objeto de tutela jurisdicional, os autores foram violados e suportaram com maior gravame o ultraje a seus direitos pela condição de idosos, quadro em que deixaram de contar com atenção preventiva por parte dos prestadores de serviços.

> Processo: AgRg no REsp 1324344 / SP
>
> AGRAVO REGIMENTAL NO RECURSO ESPECIAL 2012/0103045-2
>
> Relator(a) Ministro SIDNEI BENETI (1137)
>
> Órgão Julgador T3 – TERCEIRA TURMA
>
> Data do Julgamento 21/03/2013
>
> Data da Publicação/Fonte: DJe 01/04/2013
>
> RJP vol. 51 p. 152
>
> Ementa: AGRAVO REGIMENTAL. PLANO DE SAÚDE. REAJUSTE EM FUNÇÃO DE MUDANÇA E FAIXA ETÁRIA. CONTRATO CELEBRADO ANTERIORMENTE À VIGÊNCIA DO ESTATUTO DO IDOSO. NULIDADE DE CLÁUSULA.
>
> 1.- **É nula a cláusula de contrato de plano de saúde que prevê reajuste de mensalidade baseado exclusivamente na mudança de faixa**

etária, ainda que se trate de contrato firmado antes da vigência do Estatuto do Idoso, porquanto, sendo norma de ordem pública, tem ela aplicação imediata, não havendo que se falar em retroatividade da lei para afastar os reajustes ocorridos antes de sua vigência, e sim em vedação à discriminação em razão da idade.

2.- Ademais, o art. 51, IV, do Código de Defesa do Consumidor permite reconhecer a abusividade da cláusula, por constituir obstáculo à continuidade da contratação pelo beneficiário, devendo a administradora do plano de saúde demonstrar a proporcionalidade entre a nova mensalidade e o potencial aumento de utilização dos serviços, ou seja, provar a ocorrência de desequilíbrio ao contrato de maneira a justificar o reajuste.

3.- Agravo Regimental improvido

Processo REsp 1098804 / RJ

RECURSO ESPECIAL 2008/0228080-0

Relator(a) Ministra NANCY ANDRIGHI (1118)

Órgão Julgador T3 – TERCEIRA TURMA

Data do Julgamento 02/12/2010

Data da Publicação/Fonte: DJe 27/03/2012

Ementa DIREITO DO CONSUMIDOR E PROCESSO CIVIL. RECURSO ESPECIAL. AÇÃO CIVIL PÚBLICA. LEGITIMIDADE DE ÓRGÃO DO PODER LEGISLATIVO PARA A PROPOSITURA DA AÇÃO. ESTATUTO DO IDOSO. PLANOS DE SAÚDE. REAJUSTE DE MENSALIDADES EM RAZÃO DE MUDANÇA DE FAIXA ETÁRIA. VEDAÇÃO.

1. Da conjugação do art. 21 da Lei n.º 7.347/85 (Lei da Ação Civil Pública), com os dispositivos do Título III do CDC, extrai-se que os colegitimados do art. 82, III, desse Código podem se utilizar da ação civil pública na defesa dos interesses e direitos do consumidor.

2. O art. 82, III, do CDC prevê, como requisito essencial à legitimação dos órgãos da Administração Pública para propor ações coletivas, a atuação desses na defesa dos direitos do consumidor.

3. Exigir a menção no Regimento Interno da recorrente (Órgão do Poder Legislativo) sobre a atuação em juízo privilegiar-se-ia o excesso de formalismo, em detrimento da finalidade perseguida pelo legislador de facilitar a atuação das entidades e órgãos de defesa do consumidor em juízo.

4. **Veda-se a discriminação do idoso em razão da idade, nos termos do art. 15, § 3º, do Estatuto do Idoso, o que impede especificamente o**

reajuste das mensalidades dos planos de saúde que se derem por mudança de faixa etária; essa vedação não envolve, todavia, os demais reajustes permitidos em lei, os quais ficam garantidos às empresas prestadoras de planos de saúde, sempre ressalvada a abusividade.

5. Recurso especial conhecido e provido.

Em ambos os casos objeto das ementas acima, o Superior Tribunal de Justiça exarou decisão no sentido de que à independência da época em que se tenha operado a contratação do plano de saúde, revela-se abusiva a cláusula do contrato que estabelece o aumento de mensalidade com base em critério de faixa etária, após os sessenta anos de idade.

Muito embora exista previsão legal do Estatuto do Idoso a respeito, mais precisamente, em seu artigo 15º, as dissensões permaneceram, tendo em vista os argumentos das empresas de plano de saúde no sentido de que a liberdade de contratar estaria sendo violada ao se inadmitir os reajustes livremente contratados pelo consumidor.

Os arestos acima reproduzidos traduzem a atividade do julgador que, além de aplicar a norma de proteção ao idoso, buscou conferir um novo panorama à norma consumerista, estendendo-a e relendo-a sob o foco de um consumidor de vulnerabilidade acentuada, tanto que se utiliza, inclusive, da norma do artigo 51 do Código de Defesa do Consumidor, com vistas a coibir abusividade que inviabilize a continuidade do gozo do serviço pelo consumidor idoso.

Os mesmos exemplos ratificam a exposição de tópicos anteriores, em que se destaca que a temática dos Planos de saúde e os reajustes praticados por tais empresas alcançaram tamanha dimensão pela resistência destas em conferir tratamento igualitário, à luz da legislação vigente.

O Superior Tribunal de Justiça, no entanto, posiciona-se pela estrita observância do texto legal, promovendo correlação entre o Código de Defesa do Consumidor e o Estatuto do Idoso.

AI 766043 AgR / PE – PERNAMBUCO

AG.REG. NO AGRAVO DE INSTRUMENTO

Relator(a): Min. RICARDO LEWANDOWSKI

Julgamento: 15/02/2011

Órgão Julgador: Primeira Turma

Publicação DJe-044 DIVULG 04-03-2011 PUBLIC 09-03-2011

EMENT VOL-02477-03 PP-00764

Parte(s) RELATOR : MIN. RICARDO LEWANDOWSKI

AGTE.(S): CAIXA DE ASSISTÊNCIA DOS FUNCIONÁRIOS DO BANCO DO BRASIL – CASSI

ADV.(A/S): ALEXANDRE SOARES BARTILOTTI E OUTRO(A/S)

AGDO.(A/S): MARINA ARAÚJO LEITE

ADV.(A/S): MARTA MARIA GOMES LINS E OUTRO(A/S)

EMENTA: AGRAVO REGIMENTAL EM AGRAVO DE INSTRUMENTO. **DIREITO DO CONSUMIDOR. PLANO DE SAÚDE. MAJORAÇÃO DE CONTRAPRESTAÇÃO POR MUDANÇA DE FAIXA ETÁRIA. ESTATUDO DO IDOSO. ALEGADA VIOLAÇÃO AO ART. 5º, II, E XXXVI, DA CF. OFENSA REFLEXA.** REEXAME DO CONJUNTO FÁTICO-PROBATÓRIO DOS AUTOS E ANÁLISE DE CLÁUSULAS CONTRATUAIS. SÚMULAS 279 E 454 DO STF. INCIDÊNCIA. AGRAVO IMPROVIDO. I – A apreciação dos temas constitucionais, no caso, depende do prévio exame da legislação infraconstitucional aplicável à espécie (Código de Defesa do Consumidor e Estatuto do Idoso). A afronta à Constituição, se ocorrente, seria indireta. Incabível, portanto, o recurso extraordinário. Precedentes. II – A apreciação do recurso extraordinário demanda o exame de matéria de fato e a interpretação de cláusulas contratuais, o que atrai a incidência das Súmulas 279 e 454 do STF. Precedentes. III – Agravo regimental improvido.

Decisão

A Turma negou provimento ao agravo regimental no agravo de instrumento, nos termos do voto do Relator. Unânime. Presidência da Ministra Cármen Lúcia. 1ª Turma, 15.2.2011.

ARE 670532 AgR / DF – DISTRITO FEDERAL

AG.REG. NO RECURSO EXTRAORDINÁRIO COM AGRAVO

Relator(a): Min. ROSA WEBER

Julgamento: 19/03/2013

Órgão Julgador: Primeira Turma

Publicação : ACÓRDÃO ELETRÔNICO

DJe-066 DIVULG 10-04-2013 PUBLIC 11-04-2013

Parte(s)

AGTE.(S): ESMERALDA SANT ANA DE LIMA VIANA

ADV.(A/S): DEFENSOR PÚBLICO-GERAL DO DISTRITO FEDERAL E TERRITÓRIOS

AGDO.(A/S): VIAÇÃO ITAPEMIRIM S/A

ADV.(A/S): ALBERTINO RIBEIRO COIMBRA E OUTRO(A/S)

ADV.(A/S): EZEQUIEL DE MELO CAMPOS FILHO

EMENTA DIREITO DO CONSUMIDOR. RESPONSABILIDADE CIVIL. **INDENIZAÇÃO POR DANOS MORAIS. IDOSO. NEGATIVA DE FORNECIMENTO GRATUITO DE PASSAGEM INTERESTADUAL.** AFRONTA AOS PRECEITOS CONSTITUCIONAIS INVOCADOS NO APELO EXTREMO DEPENDENTE DA REELABORAÇÃO DA MOLDURA FÁTICA. SÚMULA 279/STF. ÂMBITO INFRACONSTITUCIONAL DO DEBATE. EVENTUAL VIOLAÇÃO REFLEXA DA CONSTITUIÇÃO FEDERAL NÃO VIABILIZA O MANEJO DE RECURSO EXTRAORDINÁRIO. ACÓRDÃO RECORRIDO DISPONIBILIZADO EM 17.02.2011. As razões do agravo regimental não são aptas a infirmar os fundamentos que lastrearam a decisão agravada, mormente no que se refere ao óbice da Súmula 279 do STF, a inviabilizar o trânsito do recurso extraordinário. Agravo conhecido e não provido.

Decisão

A Turma negou provimento ao agravo regimental, nos termos do voto da Relatora. Unânime. Presidência do Senhor Ministro Luiz Fux. 1ª Turma, 19.3.2013.

A reprodução das ementas acima, emanadas pelo Supremo Tribunal Federal, evidencia que a temática alcançou a instância máxima do Estado Juiz.

O primeiro acórdão cuida de questão atinente ao reajuste e mensalidades de planos de saúde com relação à pessoa idosa, em que a empresa agravante intentava o conhecimento de Recurso extraordinário, visando apontar violação à norma constitucional (art. 5º, II e XXXVI).

Em sentido diametralmente contrário ao entendimento da agravante, o Tribunal manifesta-se pela ausência de violação direta ao texto constitucional, por tratar-se de matéria intimamente ligada à legislação infraconstitucional, de forma que não se admite tal abordagem na esfera suprema, pois estaria a se tratar de violação reflexa, o que não se contempla em lei.

O segundo aresto contempla situação em que se afasta o conhecimento de Recurso extraordinário aviado por consumidor, na qual se postula a condenação da recorrida por não fornecimento de passagens, à esteira da legislação de proteção ao idoso, também ao argumento de não se admitir abordagem de violação à Constituição por via reflexa.

Nessa linha de raciocínio, pretende-se ter demonstrado que, principalmente, o julgador, deve alinhar-se em uma perspectiva de reler o texto consumerista quando o pretendente da tutela jurisdicional for alguém cuja hipervulnerabilidade dote-o de uma característica a justificar maior intervenção do Estado Juiz, tal como ocorre com o consumidor idoso, em outras palavras, a superioridade jurídica legítima ao que seja vitimado pela inferioridade econômica ou técnica na relação.

CONCLUSÃO

Os capítulos antecedentes tiveram como alvo evidenciar que o idoso assume uma condição especial quando inserido no universo do consumidor. Desta forma, traçou-se, inicialmente, um histórico do desenvolvimento dos direitos na sociedade, num plano individual e coletivo, perpassando, necessariamente, pela evolução do Estado Liberal para o Estado Social.

Prosseguindo no desenvolvimento da temática, foi possível verificar a influência do discurso do presidente John Kennedy na esfera dos consumidores, com vistas a se promover o desenvolvimento de mecanismos legais em prol da garantia da efetividade dos direitos de tais indivíduos.

Vale aqui ressaltar que para os fins do presente trabalho, adotou-se como marco histórico da instituição de direitos em prol do consumidor o discurso do presidente estadunidense, nada obstante observar-se que a defesa de direitos dessa natureza foi precedida de grandes batalhas, em diversos momentos da história mundial.

Todavia, a escolha de um marco histórico foi de fundamental importância, notadamente pelo fato de que, àquela época, ecoaram como basilares os direitos à segurança, informação, opção e direito de ser ouvido, que se refletiram como parâmetros básicos para um delineamento posterior na defesa dessa classe de indivíduos, salientando que aquele discurso foi considerado para fins desse trabalho, como épico ao reconhecimento da importância do consumidor no cenário econômico, mas em contrapartida, a mínima ou nenhuma valorização dele, naquele momento da historia mundial.

E, nesse sentido, o encerramento daquela oração, traduziu em verdadeiro compromisso assumido pelos americanos de reconhecer o dever de proteger o interesse comum em cada decisão tomada, auxiliando no cumprimento das obrigações que isso implicaria, o que fez com que, a partir do referido pronunciamento, expandisse no mundo a atuação em defesa dos direitos dessa categoria. Ou seja, o que eram manifestações isoladas, passaram a sedimentar um movimento que detinha foco comum: a proteção do consumidor.

Ao percorrer os aspectos acima elencados, imperioso se fez examinar o direito do consumidor sob o enfoque constitucional, em seu caráter de direito fundamental, bem como de princípio da ordem econômica.

Isso porque, há que se considerar que por muitos anos as relações de consumo foram reguladas de forma genérica, pautando-se nas relações civis e nas normas que diziam respeito a operações dessa natureza.

A exemplo de outras categorias de indivíduos, e, à esteira de dar efetividade, o texto constitucional destinou tratamento especifico aos consumidores, já vivenciando um reconhecimento de necessária regulamentação, e, indo ainda mais adiante, consagrou a defesa do consumidor como direito fundamental e o elencou como principio da ordem econômica, o que ressalta a escolha da temática de pesquisa como interessante e produtiva, contributiva ao estudo da ciência, mormente pelo fato de associar, em um primeiro momento, duas classes de sujeitos de direitos especiais, os idosos e os consumidores, para, posteriormente, como se verá, alinhar a existência ou não de interface entre os institutos existentes.

Destacou-se em tópico especifico no inicio do trabalho, o papel do Direito do consumidor no cenário nacional, evoluindo historicamente com tal instituto, principalmente porque detentor, ao menos positivamente, de políticas publicas voltadas aos seus interesses, o que se comprovou com a constitucionalização do direito civil, e a alocação e proteção do consumidor no inciso XXXII do art. 5, da Constituição da Republica.

Se por um lado, baseado em dar efetividade aos direitos fundamentais, e, centrado na dignidade da pessoa humana, deu-se um status constitucional à defesa do consumidor, também no que pertine a ordem econômica a proteção dessa classe de indivíduos restou configurada.

É que, ao prescrever um intento de realização da ordem econômica com fundamento na livre iniciativa, não se pretendeu ser ela (a atividade econômica) um fim em si mesmo.

O verdadeiro objetivo e alcance se traduziria na própria dignidade da pessoa, com equilíbrio entre a liberdade para práticas econômicas (livre iniciativa) e a defesa do consumidor, garantindo-se a dignidade como um dos objetivos de todo o texto constitucional, porquanto, tal como mencionado acima, a dignidade é fundamento edificador da própria República Federativa Brasileira.

Mas ainda assim, estar-se-ia diante de um sem número de problemas, pois, mesmo que garantido em nível constitucional, alocado em legislação própria (Código de defesa do consumidor) e, reconhecida a vulnerabilidade do consumidor no próprio texto legal, tem-se que nem de longe poder-se-ia afirmar terem se resolvido todas as questões voltadas a essa classe de indivíduos, os consumidores, e muito menos poderia afirmar estarem solucionadas (pela existência de legislação), os dilemas e percalços encontrados pelos idosos, e, em especial, pelos consumidores idosos, classe especifica apontada no presente trabalho como distinta dos consumidores comuns.

Nessa linha de raciocínio, não é possível se furtar ao reconhecimento de que o idoso agasalha condições biológicas e sociais específicas, à medida que se constata certa degradação fisiológica que detém influência direta em seu comportamento no seio da comunidade em que se insere.

As diversas conceituações ou critérios para definir-se quem é o idoso não alteram a unânime conclusão da existência de especificidades que perpassam, necessariamente, pelo aspecto cronológico, muito embora esta condição possa ter seus efeitos acentuados de acordo com o meio do indivíduo, mas não é expressão sinônima a adoecimento ou inatividade. De todos os critérios utilizados, ao cronológico se recorre com maior frequência.

Evidenciou-se que determinados aspectos da condição do idoso, especialmente, de cunho biológico, dão causa a uma alteração geral do posicionamento do idoso na sociedade, uma vez que não é mais capaz de portar-se e determinar-se em paridade de condições com um indivíduo de idade mediana.

Daí a conclusão pela fragilização do idoso na sociedade a inspirar uma proteção diferenciada em busca da promoção da igualdade conclamada pela Constituição federal.

No aspecto jurídico, a proteção do idoso, no cenário pátrio, é promovida pela Constituição Federal e de forma mais específica e dela decorrente, pelo Estatuto do Idoso, o qual, para seus fins, fez adoção do critério cronológico para definição de tal categoria.

A Constituição federal de 1.988 foi a primeira a abordar de forma direta e específica a proteção que se deve conferir ao idoso no seio familiar, bem como em oposição a qualquer conduta de preconceito em razão do estágio de vida, o mesmo fazendo quanto à defesa do consumidor, tanto que determinou nos Atos das Disposições constitucionais transitórias a elaboração de instrumento legal próprio em prazo fixado naqueles atos.

Com o advento do Estatuto do idoso a temática em questão ganhou destaque, muito embora não tenha sido o instrumento inaugural de proteção ao indivíduo em comento, vez que já se faziam vigentes no ordenamento outros mecanismos de atenção, a exemplo da Lei 8.742/1.993, que se traduz na Lei Orgânica de Assistência Social.

A estruturação do Estatuto do Idoso revela uma norma de caráter preventivo repressivo, bem como de ratificação de direitos de ordem constitucional, destacados sob um enfoque diferenciado pela atenção que se deva conferir ao idoso.

Visando promover um tratamento de cunho preventivo, o Estatuto contempla títulos voltados às medidas de proteção bem como à especificação de crimes cometidos em desfavor do idoso. A legislação em referência não se furtou a medidas de efetivação dos direitos, a exemplo da regulamentação do acesso à Justiça.

Isso, por si só, já demonstraria ser o idoso merecedor, senão carecedor, de proteção jurídica especifica, mas, diante da existência de um arcabouço técnico-jurídico próprio, poderia gerar questionamentos quanto à legitimidade de se promover discussões atinentes à necessidade de mais especificidades quanto a tais indivíduos.

Mas, como se demonstrou no presente trabalho, por certo que a fragilidade do idoso no desenvolvimento de suas atividades, certamente permitiu concebê-lo, especificamente quanto ao direito do consumidor, como alguém ainda mais vulnerável.

Determinados fatores que já se revelam como necessário alvo de atenção quanto ao consumidor comum têm majorado esse aspecto da vulnerabilidade, sobremaneira quando se trata dessa classe especial de indivíduos. Está se a falar, ilustrativamente, da publicidade, que tem seu potencial majorado pelo marketing ostensivo praticado na atualidade.

Os meios de acesso do fornecedor ao consumidor já não são tão limitados como há duas décadas, em que a internet não tinha o mesmo alcance experimentado na sociedade hodierna, nem mesmo a população contava com acesso a tantas formas de mídia, pelas quais o mercado possa se promover.

Acentua o consumo em massa o endividamento, do qual, sem dúvida, robusto volume é composto de idosos que se fazem ludibriar pela invasiva e desleal investida publicitária. Indubitável, neste aspecto, a violação de direitos e princípios de ordem constitucional, a exemplo da igualdade e da dignidade da pessoa humana. Isso, aliando todas as ponderações que foram feitas ao longo dos capítulos, justifica a inserção, para fins de analise da temática proposta, da expressão – hipervulnerabilidade.

E, em razão da própria conclusão de ser o idoso hipervulnerável, certamente que a análise seguinte foi para fins de compreensão se o arcabouço jurídico colocado à disposição genericamente, seria suficiente para abarcar direitos e estes serem efetivos quanto aos idosos.

Não se está a falar de uma insuficiência de normas em defesa do consumidor e do idoso, pura e simplesmente, mas sim, da ausência de uma conexão legitimada entre tais institutos, de forma a se promover um maior aproveitamento da norma, observadas as especificidades do consumidor idoso.

Alcançando o campo das conjecturas, ousa-se mencionar a hipótese de um idoso que, muito embora sob a proteção de seu Estatuto, usufrua de sua independência, de forma a dispor de seus rendimentos, livremente, mas venha a encontrar franca dificuldade em realizar determinados contratos de empréstimos, dado o aliciamento praticado por financeiras com relação a indivíduos de idade avançada.

Acaso estivesse o ordenamento comprometido com uma efetiva proteção do consumidor idoso, cuidaria de traçar mecanismos hábeis a assegurar que não sofresse lesões de tal ordem, pois haveria um mecanismo equivalente a freios a balizar a atuação de tais empresas.

Não somente as investidas abusivas, de marketing, mas também as omissões perpetradas pelos fornecedores e prestadores de serviços, que não cuidam de disponibilizar documentos em fontes e formatos maiores, de acordo com eventuais necessidades especiais de visão do idoso ou atendentes que não dispõem de paciência para ouvir e falar em ritmo mais pausado em que o idoso tenha condições de entender e se fazer entendido.

Estas considerações conduzem ainda à compreensão de que a ausência de interface entre os microssistemas mencionados é hábil a ocasionar até mesmo uma maior discriminação em desfavor da pessoa idosa, dada a necessidade de sempre estar clamando, sem baliza específica, por atenção e tratamento adequado, o que restaria afastado diante de um reconhecimento normativo da hipervulnerabilidade do consumidor idoso e adoção de mecanismos para mitigação dela.

Certamente que a relação de consumo estabelecida com idoso, muito requer de observância ao envelhecimento digno, compelindo as partes à observância de regras basilares como a boa fé e a lealdade para se contratar a aquisição de produtos ou a prestação de serviços.

À luz de tantas constatações de que o manto das normas e medidas destinadas à proteção do consumidor não revela o mesmo grau de efetividade, quando direcionadas à pessoa idosa, configura elemento relevante à conclusão de se fazer necessária ao menos uma maior reflexão sobre o tema, a fim de que não se desprezem princípios constitucionais como o da dignidade da pessoa humana. Por isso é possível falar-se que uma das dificuldades de se promover a harmonização tão aclamada, seria o fato de o direito do consumidor ter base na relação contratual, exigindo, portanto, uma interpretação mais objetiva, e o direito do idoso ter base na relação social, impondo, desta feita, uma interpretação mais subjetiva.

A interface proposta perpassa o reconhecimento da hipervulnerabilidade do consumidor idoso e alcança a adoção de medidas que possam efetivamente injetar no meio social a atenção diferenciada a que faz jus esta parcela da população, por meio de investidas isoladas ou coletivas, servindo-se, inclusive, quando necessário, dos mecanismos assegurados tanto pelo Código de Defesa do Consumidor, quanto pelo Estatuto do Idoso, a exemplo da Ação civil pública e demais ações do Ministério Público.

Os mecanismos então existentes no plano jurídico revelam-se frágeis quando se promove uma abordagem da temática, sob o ponto de vista da realidade experimentada pelos consumidores idosos.

A conclusão acima exarada poderia ser constatada por manifestações expressas destes consumidores, em um trabalho de campo, mas o são, pelos já colacionados arestos de tribunais superiores que atestam, com clareza, a precariedade com que o idoso tem sido tradado ao contratar serviços e adquirir produtos.

Denota-se, portanto, com clareza, os impactos da hipervulnerabilidade do consumidor idoso, o que requer, à luz da ausência de interface entre os instrumentos de defesa do consumidor e do idoso, que se promova uma releitura das normas consumeristas à luz da especial condição do idoso no mercado de consumo.

REFERÊNCIAS BIBLIOGRÁFICAS

ALVES, Paglione Cristiane. A eficácia horizontal dos direitos fundamentais. Âmbito jurídico. Disponível em http://www.ambito-juridico.com.br/site/?n link=revista_artigos_leitura&artigo_id=11648.

AZEVEDO, Fernando Costa. Uma introdução ao direito brasileiro do consumidor. Revista de Direito do Consumidor, São Paulo, n. 69, p. 34, 2009.

BARROSO, Celeste Taques Bittencourt. O idoso no direito positivo brasileiro: legislação federal, estadual e municipal. Brasília: Ministério da Justiça, Secretaria de Estado dos Direitos Humanos, 2001.

BARROSO, Luis Roberto. Interpretação e aplicação da constituição. 7. ed. São Paulo: Saraiva, 2009.

BAUMAN, Zygmunt. Trabajo, sonsumismo y nuevos pobres. Barcelona: Editorial Gedisa, 1998.

BRAGA, Perola Melissa Viana. Curso de direito do idoso. São Paulo: Atlas, 2011.

CANOTILHO, J.J. Gomes. Direito constitucional e teoria da constituição. 7.ed. Coimbra: Edições Almedina, 2003.

CASTRO, Celso A. Pinheiro de. Sociologia aplicada ao direito. São Paulo: Atlas, 2001.

CINTRA, Rodrigo Suzuki. Locke e o direito de resistência. Universidade Presbiteriana Mackenzie, São Paulo. Disponível em: <http://www.mackenzie.br/fileadmin/Graduacao/FDir/Artigos/artigos_2009/Rodrigo_Suzuki2.pdf.> Acesso em 07 fev. 13.

COSTA, Eliane Romeiro. O Estatuto do Idoso no sistema de proteção social. Revista de Previdência Social, São Paulo, ano XXVIII, nº. 284, p. 591-593, jul. 2004.

COSTA MACHADO, Antônio Cláudio. Constituição Federal interpretada. 2.ed. Barueri: Manole, 2011.

DE LUCCA, Newton. Direito do consumidor. Teoria geral da relação jurídica de consumo. 2.ed.São Paulo: QuartierLatin, 2008.

DENSA, Roberta. Direito do consumidor. 7. ed. São Paulo: Atlas, 2011. p. 2.

DETROZ, Derlayne. A hipervulnerabilidade do consumidor idoso. Faculdades Integradas do Brasil. Unibrasil. Curitiba, 2011. Disponível em <http://www.unibrasil.com.br/sitemestrado/_pdf/20100724%20V43%20%20Disserta%C3%A7%C3%A3o.pdf.>

ESTEVES, João Luiz M. A constituição Econômica de 1.988: Fundamentos, funções e enunciado – síntese. In: Constitucionalismo e Democracia. Rio de Janeiro: Elsevier, 2012.

FACHIN, Luiz Edson. Questões de direito civil brasileiro contemporâneo. Rio de Janeiro: Renovar, 2008.

FERREIRA, Wolgran Junqueira. Comentários à Constituição de 1988. São Paulo: Julex, 1989.

FILOMENO, José Geraldo Brito. Curso fundamental de direito do consumidor. São Paulo: Atlas, 2007.

FREITAS JUNIOR, Roberto Mendes de. Direitos e garantias do idoso. 2.ed. São Paulo: Atlas, 2011.

GRAU, Eros Roberto. A ordem econômica na Constituição de 1988 (Interpretação e crítica). 13. ed.rev.e atual. São Paulo: Malheiros, 2008.

IBGE. Disponível em: <http://www.ibge.gov.br/home/presidencia/noticias/noticia_=1>. Acesso em: 5 fev. 2013.

KALLAS FILHO, Elias. A constituição Econômica de 1.988: Fundamentos, funções e enunciado – síntese. In: Constitucionalismo e Democracia. Rio de Janeiro: Elsevier, 2012.

KENNEDY, John F. Special Message to the Congress on protecting the consumer interest. Disponível em: <http://www.presidency.ucsb.edu/ws/?pid=9108>. Acesso em: 30 mar. 2013.

LOPES, Elisabete Mariucci Lopes. A inclusão jurídica e social do idoso. Revista forense. V. 415. Ano 108. Jan/jun 2012. P. 91-110.

MARQUES, Cláudia Lima. Contratos no Código de defesa do consumidor. 6.ed. rev.atual.e ampl. São Paulo: Revista dos Tribunais, 2011.

MIRAGEM, Bruno Nubens Barbosa. O direito do consumidor como direito fundamental. In: Revista de Direito do Consumidor 43. Ano 11. Editora Revista dos Tribunais.

MUJALLI, Walter Brasil. Direito constitucional e a constituição federal. Vol. II. São Paulo: Ag à Juris, 1999.

NADER, Ralph. Unsafe at any speed. Disponível em: <http://www.autolife.umd.umich.edu/Design/Gartman/Books/BK_Unsafe_Any_Speed.htm>. Acesso em: 12 mar. 2013.

MAIA, Renato. Da horizontalização dos direitos fundamentais. Revista da Faculdade de Direito do Sul de Minas. Edição especial 2008. Disponível em http://www.fdsm.edu.br/revista/Extra2008/Extra2008_8.pdf

NOTARI, Maria Helena de; FRAGOSO, Maria Helena J.M. de Macedo. A inserção do Brasil na política internacional de direitos humanos da pessoa idosa. Revista Direito GV. São Paulo v. 7. N. 13. P. 259-76. Jan/jun. 2011.

NUNES, Lydias Bastos Telles. Breves considerações sobre o Estatuto do Idoso. Revista do Instituto de Pesquisas e Estudos. Bauru. N. 41p. 477-85. Set/dez. 2004

NUNES, Luiz Antônio Rizzatto. Curso de direito do consumidor. 2.ed.rev.mod. e atual. São Paulo: Saraiva, 2005.

PINHEIRO, Naide Maria. Estatuto do idoso comentado. Campinas: LNZ, 2006.

PINHEIRO, Naide Maria. Estatuto do idoso comentado. Campinas: Servanda, 2012.

PINHEIRO, Rosalice Fidalgo; DETROZ, Derlayne. A hipervulnerabilidade e os direitos fundamentais do consumidor idoso no direito brasileiro. Revista Luso-Brasileira de Direito do Consumo. Curitiba, v. II, n. 4, p.130-164, 2012.

PODESTÁ, Fábio. Código de Defesa do consumidor comentado. São Paulo: Revista dos Tribunais, 2010

RAMOS, Fábio Pestana. Para entender história...ISSN 2179-4111. Ano 1, série 18/08. 2010. P. 01-18. Disponível em <http://fabiopestanaramos.blogspot.com.br/2010/08/revolucao-francesa-foi-causada-pela.html>

RAMOS, Paulo Roberto Barbosa. A velhice na Constituição. Sequência: revista do curso de pós-graduação em direito da UFSC. Florianópolis. v.21. n. 38. P. 85-105. Jul. 1999

RODRIGUES, Geisa de Assis. A proteção ao consumidor como um direito fundamental. In: Revista de Direito do Consumidor 58. Ano 15 (abr-jun 2006). Editora Revista dos Tribunais

SANTOS, Fabíola Meira de Almeida. Reflexões acerca do consumidor idoso e a necessidade de efetivação dos direitos desta categoria especial de indivíduos. Revista de Direito Privado. São Paulo. V. 9. N. 36. P. 119-40.

SARAIVA, Paulo Lopo. Do estado liberal ao estado social. In: MOREIRA DE MOURA, Lenice S. (Org.). O novo constitucionalismo na era pós-positivista: homenagem a Paulo Bonavides. São Paulo: Saraiva, 2009.

SCHIMITT, Cristiano Heineck. A hipervulnerabilidade do consumidor idoso. Revista de Direito do Consumidor. São Paulo. V. 18. N. 70. P. 139-71. Abr/jun. 2009.

SILVA, José Afonso da. Curso de direito constitucional positivo. São Paulo: Malheiros, 2011.

SOUSA, Ana Maria Viola de. Tutela jurídica do idoso. A assistência e a convivência familiar. Campinas: Alínea, 2004.

STRECK, Lenio Luiz; MORAIS, José Luiz Bolzan de. Ciência política e teoria geral do Estado. 3. ed. Porto Alegre: Livraria do Advogado, 2003.

TARTUCE, Flávio. Manual de direito do consumidor: direito material e processual. 2.ed. Rio de Janeiro: Forense: São Paulo: Método, 2003.

TEPEDINO, Gustavo. Normas constitucionais e direito civil. Revista da Faculdade de Direito de Campos. Ano IV, nº.4 e ano V, nº 5 – 2003-2004.

TEPEDINO, Gustavo Normas constitucionais e relações privadas na experiência das cortes superiores brasileiras. Boletim Científico da Escola Superior do Ministério Público da União.

VILAS BOAS, Marco Antônio. Estatuto do idoso comentado. 3. Ed. Rio de Janeiro: Forense, 2011.

Impresso em abril de 2017